Bibliographic information published by the German National Library:

The German National Library lists this publication in the National Bibliography; detailed bibliographic data are available on the Internet at http://dnb.dnb.de .

Imprint:

Copyright © 2017 GRIN Verlag, Open Publishing GmbH
Print and binding: Books on Demand GmbH, Norderstedt Germany
ISBN: 9783668569560

This book at GRIN:

http://www.grin.com/fr/e-book/380315/outils-de-programmation-matlab

Abdeljalil Gattal

Outils de Programmation "Matlab"

Adressé aux étudiants de 2ème année de la licence de mathématiques

GRIN Publishing

GRIN - Your knowledge has value

Since its foundation in 1998, GRIN has specialized in publishing academic texts by students, college teachers and other academics as e-book and printed book. The website www.grin.com is an ideal platform for presenting term papers, final papers, scientific essays, dissertations and specialist books.

Visit us on the internet:

http://www.grin.com/

http://www.facebook.com/grincom

http://www.twitter.com/grin_com

REPUBLIQUE ALGERIENNE DEMOCRATIQUE ET POPULAIRE
MINISTRE DE L'ENSEIGNEMENT SUPERIEUR ET DE LA RECHERCHE
SCIENTIFIQUE

UNIVERSITE DE LARBI TEBESSI
FACULTE DES SCIENCES EXACTES ET DES SCIENCES E LA NATURE ET DE
LA VIE
DEPARTEMENT DE MATHEMATIQUES ET INFORMATIQUE

Outils de Programmation
« Matlab »

Adressé aux étudiants de 2ème année de la licence de mathématiques.

Dr. GATTAL Abdeljalil

FICHE MATIERE

Objectifs généraux
Ce support de cours est un guide d'initiation à Matlab, Matlab permet le travail interactif de calcul scientifique utilisable pour la résolution numérique de nombreux problèmes mathématiques. En outre, Matlab dispose de développement avec l'outil graphique.
L'objectif de ce support est de permettre aux étudiants :
- Se familiariser rapidement avec Matlab ;
- Découvrir les bases du langage Matlab;
- Apprendre la syntaxe de base du langage Matlab.

Pré-requis
Algorithmiques

À CEUX QUE J'AIME ... ET CEUX QUI M'AIMENT

TO THOSE I LOVE AND THOSE WHO LOVE ME

Table des matières

Chapitre1 : Présentation et généralités

1- Introduction :

MATLAB« MATrix LABoratory »est un langage de haut niveau pour la programmation scientifique basé sur le calcul matriciel (les variables manipulées sont des matrices), il est développé depuis 1984 par The MathWorks Company (http://www.mathworks.com/).Son noyau est composé de librairies écrites au début en Fortran puis en C++.

L'objectif de MATLAB est de fournir aux chercheurs et ingénieurs un environnement de calcul numérique à la fois simple à utiliser et efficace.

MATLAB permet le travail interactif soit en mode commande (interactif), soit en mode programmation (exécutif). MATLAB possède les particularités par rapport à d'autres langages, il permet :

- le calcul numérique et le traitement du signal.
- le tracé de graphiques (visualisations graphiques).
- la programmation facile.
- la possibilité de liaison avec les autres langages classiques de programmations (l'interfaçage avec C ou Fortran).
- le développement avec l'outil graphique qui inclus les fonctions d'interface graphique et les utilitaires (Graphical User Iinterface « GUI »).
- l'utilisation des boites à outils (Toolboxes) spécialisées très compréhensive pour résoudre des catégories spécifiques de problèmes.

L'intérêt de Matlab tient, d'une part, à sa simplicité d'utilisation :

- Pas de compilation (logiciel interprété nécessitent une grande mémoire et un temps de calcul très long),
- Déclaration implicite des variables.

2- Démarrage de Matlab :

Pour lancer l'exécution de MATLAB sous Windows on clique sur l'icône Matlab. La fenêtre Matlab est divisée en plusieurs espaces qui peuvent être configurés. L'espace le plus important est la *Fenêtre de commande* (Command Windows) ou apparaît le signe >> (Invite), qui indique que Matlab est prêt à recevoir des commandes. L'autre espace important est *l'éditeur de texte*, qui vous permet d'éditer des fichiers de Matlab. Pour avoir une *fenêtre d'aide*, on peut utiliser la commande help.

L'interface de Matlab est divisée en cinq parties principales soit :

- La fenêtre de commande (Command Window);
- L'espace de travail (Workspace);
- Le répertoire en cours (Current Directory);
- L'historique des commandes (Command History).
- Editeur de texte (Editor)

Ces parties sont représentées sur l'image ci-dessous.

2.1 Obtenir une aide

Il est possible d'obtenir une aide en ligne sur une commande en utilisant la commande help

```
>>help sin
     sin    Sine of argument in radians.
     sin(X) is the sine of the elements of X.
See also asin, sind.
>>help demos (donne une liste des démos existantes).
```

Les commandes permettent de donner l'aide sur un problème donné:

- help : Afficher la liste des aides générales possibles.
- helpwin : ouvre une fenêtre de la liste des aides générales possibles.
- help + nom d'une commande : indique la syntaxe d'une commande écrite.
- demo : lance une démo générale de Matlab.
- lookfor + mot-clé: permet de rechercher des fonctions MATLAB selon un mot-clédans la première ligne de commentaire en entête des fonctions.
- lookfor + mot-clé –all : permet de rechercher le mot-clé dans toutes les lignes de commentaires en entête des fonctions.
- doc + nom d'une commande: donner accès à une documentation complète d'une commande écrite par le menu contextuel.

2.2 Fenêtre de commande

Voici un exemple de session Matlab sur la fenêtre de commande :

`>> M=[1,2;3,4]`
`M =`
`    1    2`
`    3    4`
`>> M*M`
`ans =`
`    7   10`
`   15   22`
	`>>sin(ans)`
	`ans =`
	`   0.6570  -0.5440`
	`   0.6503  -0.0089`
	`>> [1,2;3,4]+[1;2;3;4]`
	`Error using +`
	`Matrix dimensions must agree.`
		`>> M=[1,2;3,4],M*M;...`
		`sin(ans)`
		`M =`
		`    1    2`
		`    3    4`
		`ans =`
		`   0.6570  -0.5440`
		`   0.6503  -0.0089`

Le résultat d'une évaluation n'a pas été affecté est affecter à la variable *ans*, que l'on peut réutiliser plus tard.

Dans la fenêtre de commande, il est possible d'enregistrer la session Matlab avec la commande *diary* où la commande *diary nom-fichier* démarre l'enregistrement de la session dans le fichier *nom-fichier* du répertoire courant. On peut aussi ensuite déclenche et arrêter l'enregistrement dans le fichier *nom-fichier* par les commandes *diary on* et *diary off*.

Il est possible de gérer les fichiers du répertoire de travail avec Un certain nombre de commandes.

- La commande *dir* affiche la liste des fichiers du répertoire de travail.
- La commande *what* affiche une liste les fichiers *.m et *.mat dans répertoire de travail.
- La commande *cd* permet de changer de répertoire de travail.
- La commande *type*permet d'afficher à l'écran le contenu du fichier*.m.
- La commande *delete* permet de supprimer un fichier.
- La commande *edit* permet d'ouvrir l'éditeur de texte.
- La commande *which* retourne le chemin pour accéder au fichier.
- La commande *path* afficher une liste les répertoires connus de Matlab.
- Il est possible d'exécuter des commandes Unix à partir de Matlab en faisant précéder la commande d'un point d'exclamation « ! ».

Attention:
- Pour valider une instruction Matlab, on appuie sur la touche Entrée (un retour chariot). Pour réafficher le contenu d'une variable, il suffit de taper le nom de la variable.
- Pour ne pas avoir le résultat d'une instruction affiché, on termine l'instruction par le symbole « ; »
- Pour taper une instruction sur plusieurs lignes, on utilise le symbole de continuation « ... »
- Pour mettre plusieurs instructions sur une même ligne, on utilise le symbole virgule «,» ou par un point-virgule « ; ».
- les commandes Matlab doivent être tapées en minuscules pour être reconnues.
- Si la syntaxe de l'instruction est erronée ou l'instruction illégale, Matlab affiche un message d'erreur.

Quelques commandes importantes:

- La commande *quit* ou *exit* permet de quitter Matlab.
- La commande *clc* efface le contenu de la fenêtre de commande.
- La commande *close all* ferme la ou les figures ouvertes.
- La combinaison des touches de clavier CTRL+C permet d'interrompre un programme en cours d'exécution.

2.3 Espace de travail

Le langage de programmation MATLAB permet de déclarer implicitement des variables(Les variables s'utilisent sans déclaration préalable de type ou de dimension). Toute variable utilisée est rangée dans l'espace de travail appelé Workspace et peut être utilisée dans les calculs subséquents.

Le contenu du Workspace peut être affiché par l'instruction *who* (afficher le nom des variables actives) ou *whos* (nom avec description du Type des variables actives). La valeur d'une variable s'affiche en frappant simplement son nom sans le ";" à la fin. La commande *clear* permet de supprimer les variables de l'espace du travail.Il est possible de ne supprime qu'une partie des variables en utilisant la commande *clear nom-variable*.

Pour sauvegarder une ou plusieurs variables dans un fichier pour une utilisation ultérieure, il existe l'instruction *save nom-fichier* qui enregistre toutes les variables de l'espace de travail dans le fichier *nom-fichier.mat* et l'instruction *save nom-fichier nom-variable* qui ne sauver qu'une partie des variables.

Pour récupérer dans l'espace de travail les variables sauvegardées à partir le fichier *nom-fichier.mat*, on utilise l'instruction *load nom-fichier*.

3- Exercices :

Exercice 1 :

Effectuer les commandes suivantes dans Matlab :

```
>>diary test1
>>lookfor determinant
>>lookfor 'tridiagonal matrix'
>>lookfor turtle
>>lookfor turtle -all
>>lookfor butterfly -all
>>lookfor butterfly -all
>>help diary
>>doc diary
>> x=4*pi/5; y=cos(x); z=sin(x);
>>M = [12; 34]; N = M*M;
>>s = 'Hello';
>>save test x y z
>>ls
>>!moretest.mat
>>who
>>whos
>>clear M N x
>>whos
>>clear
>>who
>>load test
>>who
>>x,y,z,M
>>diary off
>>doc diary
```

Éditez le fichier test1.

Exercice 2 :

Exécutez le code Matlab:

```
>>diary Ex02
>>x=pi; y=cos(x/2); z=sin(x/3);
>>save test x z
>>dir
>>what
>>which test
>>edit test
>>delete test.mat
>>clear
>>load test
>>ls
>>path
>>x1=5, x2=3, y=6
>>x3=2.3*4-3/3+15
>>whos x*
>>diary off
```

Chapitre 2 : Types de données et variables

1- Fonctionnalités de base

Matlab utilise les notations mathématiques classiques pour les opérateurs et les noms de fonctions mathématiques. Une fois la fenêtre de commandes ouverte, on peut l'utiliser comme une calculatrice scientifique évoluée pour effectuer des calculs simples en entiers, réels, complexes avec les cinq opérations élémentaires : «-», «+»,«*», «/»,«^» où La commande «^» est l'exponentiation (la puissance).

Matlab nous propose une foule de fonctions prédéfinies. Parmi celles-ci, on compte les cos, sin, tan, cotan, acos, asin, atan, exp, log10, log.

Les opérations ont été effectuées directement en virgule flottante (double précision codé sur 64 bits). Par défaut le résultat s'affiche avec 4 chiffres après la virgule. Pour afficher plus de chiffres, on utilise la commande format. On peut afficher les résultats en15 chiffres après la virgule, en tapant la commande format long. La commande format short affiche le résultat avec 4 chiffres après la virgule.

2- Variables

Une variable est désignée par un identificateur qui est une séquence de lettres et de chiffres. Le premier caractère doit être une lettre. Matlab fait la différence entre les majuscules et les minuscules pour les variables et de fonctions. Les variables s'utilisent sans déclaration préalable de type et de dimension (il n'y a aucune distinction entre variable 'entière', variable 'réelle' ou variable 'complexe'). Alors, le type et la dimension d'une variable est donc géré automatiquement d'après affectation.

On peut évidemment utiliser des variables pour manipuler et les valeurs ou les expressions mathématiques :

```
>>X=sqrt(2)/log(3)% La variable X affecte la valeur de l'expression de droite.
```

3- Constantes

Matlab possède un certain variables usuelles prédéfinit dont les constantes sont:

- *pi* qui est la constante mathématique 3,1415926535897
- *i, j* qui sont la racine carrée de -1 (le nombre imaginaire)
- *eps* qui est la précision numérique relative des calculs en virgule flottante ($2^{-52} \approx$ 2.2204e-16)
- *realmin* qui est le plus petit nombre à virgule flottante manipulable (2.2251e-308)
- *realmax* qui est le plus grand nombre à virgule flottante manipulable (1.7977e+308)
- *inf* qui représente l'infini où le résultat d'une expression excède *realmax*.

- *NaN* qui représente Not-a-Number où le résultat d'une une opération non-définie (calcul qui n'est pas numérique) comme 0/0.

Attention 1 : MATLAB utilise la standard double précision IEEE 754pour les opérations ont été effectuées en virgule flottante (*eps, inf,-inf,...*).

Attention 2 : Il est possible de définir des variables de même nom des constantes. Pour récupérer le nom des constantes à nouveau, il suffit de supprimer la variable de même nom par la commande *clear*.

Attention 3 : Il existe d'autres constantes comme exemple: intmin et intmax.

Voici un exemple :

>>i=5,pi=4
 i =
    5
 pi =
    4
 >>i+sin(pi)
 ans =
    4.2432
	>>clear
	
	 >>i+sin(pi)
	 ans =
	   0.0000+1.0000i
	
	 >>-1/0
	 ans =
	   -Inf
		>>2*realmax
		 ans =
		 Inf
		 >>realmin^2
		 ans =
		   0
		 >>realmin*eps^2
		 ans =
		   0

4- Types de données

Les quatre principaux types de données utilisés par MATLAB sont les types réel, complexe, chaîne de caractères et logique. Le type de variable de base de Matlab est un tableau. Il existe d'autres types (class en Matlab) comme cell, struct(Enregistrement), int8, etc.

Pour les formes particulières de tableaux, une variable Matlab est considérée comme étant une variable scalaire (un tableau à une ligne et une colonne), vecteur (un tableau à une ligne ou à une colonne) ou matrice (un tableau ayant plusieurs lignes et colonnes) suivant la forme du tableau.

```
>>clear
>> x = 1;y=2. ; z = 3+4i; chaine = 'Mohamed'; p=pi+2; rep=(x==y);
>>whos
Name        Size          Bytes  Class       Attributes
chaine      1x7              14   char
p           1x1               8   double
rep         1x1               1   logical
x           1x1               8   double
y           1x1               8   double
z           1x1              16   double      complex
>>clear
>> x = [1];y=[2,3];z=[4,5;6,7];
>>whos
Name        Size          Bytes  Class       Attributes
x           1x1               8   double
y           1x2              16   double
z           2x2              32   double
```

Matlab définit de manière implicite le type d'une variable, il est parfois important de déterminer. Cela est possible grâce aux commandes :

- ischar(x) retourne 1 si x est de type chaîne de caractères et 0 sinon.
- islogical(x) retourne 1 si x est de type logique et 0sinon.
- isreal(x) retourne 1 si x est réel ou de type chaîne de caractères ou logique et 0 sinon (x est complexe ou n'est pas un tableau en élément réelle).

Exemple :
```
>>isreal(1i+2)
   ans =
        0
```

4.1 Type complexe

Le nombre complexe peut être représenté dans Matlab soit par l'unité imaginaire i ou j. Il peut-être écrit sous forme cartésienne a + ib et a+i*b ou sous forme polaire r*exp(i*t).

Les commandes abs, angle, real et imag permettent de passer aisément de la forme polaire à la forme cartésienne et réciproquement. On dispose également de fonctions spécifiques aux complexes(Si z est de type complexe):

- conj(z) retourne le conjugué de z,
- abs(z) retourne le module de z,
- angle(z) retourne l'argument de z,
- real(z) retourne la partie réelle de z,
- imag(z) retourne la partie imaginaire de z.

Attention: Il est possible de définir des identificateurs i et j antérieurement. Pour que les identificateurs fassent à nouveau référence à l'unité imaginaire, il suffit de détruire ces deux variables i et j par la commande clear, ou réaffecter à i ou à j la valeur unité imaginaire par l'instruction i=sqrt(-1).

4.2 Type chaîne de caractères

Une chaîne de caractères est considérée par Matlab comme un vecteur en ligne donc le nombre d'éléments est le nombre de ses caractères. Le type chaîne de caractères (char) est représentée sous la forme d'une suite de caractères spécifiée entre simple quote(').

Il est possible de manipuler les chaînes de caractères s'effectue selon les règles de manipulation des vecteurs.

- Deux simple quotes « '' » s'obtient une chaîne de caractères vide
- Transposition « ' » devient une chaine verticale de même longueur.
- Les crochets « [ ] » utiliser pour concaténer plusieurs chaines de caractères.
- size() retourne la dimension de la chaine de caractères.

- length() retourne la longueur de la chaine de caractères.
- isempty()permet de vérifier qu'une chaine de caractères n'est pas vide.
- strcmp() permet de comparer si deux chaines de caractères sont identiques ou non.
- regexp() permet de diviser la chaine de caractères séparés par un caractère particulier.

Il est possible de manipuler chaque caractère ou un morceau de la chaine de caractères en utilisant référence à sa position dans la chaîne « ch1(1), ch1(1 :3),...».

L'exemple ci-dessous présente différentes manipulations d'une chaîne de caractères.

`>>ch1 = 'Matlab'`
`ch1 =`
`Matlab`
`>> ch2='1''apostrophe'`
`ch2 =`
`l'apostrophe`
`>> [n, m] = size(ch1)`
`n =`
`1`
`m =`
`6`
	`>>length(ch1)`
	`ans =`
	`6`
	`>>ch3= [ch1 '',ch2]`
	`ans =`
	`Matlab l'apostrophe`
	`>>ch3(1:3)`
	`ans =`
	`Mat`
		`>>ch3(4:end)`
		`ans =`
		`lab l'apostrophe`
		
		`>>isempty('')`
		`ans =`
		`1`
		`>>strcmp(ch2,ch3)`
		`ans =`
		`0`

`>>splittedstring = regexp('M,a,t,l,a,b', ',', 'split' ); splittedstring{1}`
`ans =`
`M`		

Attention: Pour mettre une apostrophe, il faut doubler la simple quote.

4.3 Type logique

Le type logique possède deux formes, false est représenté par la valeur 0 et true est représentée par la valeur 1 .Un résultat de type logique est retourné par l'évaluation des expressions logique (les tests) et par certaines fonctions.

Matrice logique désigne une matrice dont les éléments ont pour valeur 0 ou1 (toute valeur non nulle). Les opérateurs logiques (booléens) appliquées dans une matrice fonctionnent éléments à éléments :

`>> a=[1 2 ; 3 4],...`
`b= [1 2 ; 4 3]`
`a =`
`    1    2`
`    3    4`
`b =`
`    1    2`
`    4    3`
	`>> a > b, a==b`
	`ans =`
	`    0    0`
	`    0    1`
	`ans =`
	`    1    1`
	`    0    0`
		`>> a > b & a==b`
		`ans =`
		`    0    0`
		`    0    0`
		`>> a > b | a==b`
		`ans =`
		`    1    1`
		`    0    1`
			`>>~(a > b | a==b)`
			`ans =`
			`    0    0`
			`    1    0`
			
			`>>ischar(a)`
			`ans =`
			`    0`

5- Vecteurs

Le moyen le plus simple de saisir un vecteur ligne est d'entrer ses éléments (scalaires ou vecteurs ligne)entre crochets ([])en les séparant au choix par des espaces ou par des virgules. En revanche, On saisit un vecteur colonne en entrant ses éléments (scalaires ou vecteurs colonne) entre crochets ([]) en les séparant au choix par des points virgules (;) ou par la touche Entrée (des retours chariots).

Pour transformer vecteur ligne en vecteur colonne et vice versa en utilisant la transposition « ' ».

Pour manipuler les éléments d'un vecteur, il suffit d'entrer le nom du vecteur suivi entre parenthèses du ou des indices (le premier élément d'un vecteur commence obligatoirement par un indice 1) dont on veut lire ou écrire un ou plusieurs éléments d'un vecteur simultanément.

Par exemple :

- La notation d'intervalle « $m{:}n$ » : Si je veux afficher les éléments de l'indice m à n du vecteur V, on écrira :V($m{:}n$).

- La notation d'intervalle « $m{:}p{:}n$ » : Si je veux afficher les éléments de l'indice m à n sont espacées d'un pas constant (p)du vecteur V, on écrira : V($m{:}p{:}n$).

- Si m est un vecteur de valeurs entières, si je veux afficher les éléments d'une liste d'indices (m) du vecteur V, on écrira : V(m).

La longueur et la dimension d'un vecteur sera établie automatiquement d'après affectation.

On peut obtenir la longueur et la dimension d'un vecteur donné grâce à les commandes *length(V)*, *size(V)* et *numel (V)* (le nombre d'éléments).

`>> a= [1 2 3,4],...`
`  b= [1 ; 2 ; 3]`
`a =`
`    1  2  3 4`
`b =`
`    1`
`2`
`    3`
	`>> b'`
	`ans =`
	`    1  2  3`
	`>> b(1)`
	`ans =`
	`    1`
		`>>a (1:3)`
		`ans =`
		`    1  2  3`
		`>>c=[a,b']`
		`ans =`
		`  1 2 3 4 1 2 3`
			`>>c(1:2:end)`
			`ans =`
			`    1 3 1 3`
			`>>length(c)`
			`ans =`
			`7`

Attention: Le mot clé *end* présente un indice au dernier élément.

6- Matrices

Une matrice est constituée de n lignes et de m colonnes. Les coefficients de la matrice sont placés entre deux parenthèses. En Matlab, une matrice est un tableau rectangulaire à 2 dimensions de $n{\times}m$ éléments (n lignes et m colonnes) de types doubles ou complexes ou de caractères. Comme pour les vecteurs, les indices de ligne et de colonne sont des valeurs entières commençant par un indice 1.

Pour créer une matrice, il suffit d'entrer ses éléments (scalaires, vecteurs ou matrices) entre crochets. Sur une même ligne les éléments sont séparés par une virgule ou un espace, les lignes quant à elles peuvent être séparées par un point-virgule(;) ou un retour chariot.

Pour obtenir la longueur et les dimensions d'une matrice M donnée en utilisant les commandes :

- size(M,1) retourne le nombre de lignes de la matrice M ;
- size(M,2) retourne le nombre de colonnes de la matrice M ;
- [m,n] = size(M) retourne la dimension de la matrice M (nombre *m*de lignes et nombre *n* de colonnes) ;

- *length(M)* retourne le plus grand dimension de nombre de lignes et nombre de colonnes (max(size(*M*)));
- numel(M) retourne le nombre d'éléments de la matrice M ((prod(size(M)) ou length(M(:)));

Pour connaître le nombre de dimensions d'une matrice, on peut utiliser la commande ndims(M) ou length(size(M)).

6.1 Matrices spéciales

Les commandes suivantes s'appliquent spécifiquement à des matrices ou vecteurs:

- zeros(m) retourne une matrice carrée d'ordre m dont tous les éléments sont égaux à "0" ;
- zeros(m,n) retourne une matrice à m lignes et n colonnes contenant que des zéros (matrice nulle) ;
- ones(m) retourne une matrice carrée d'ordre m dont tous les éléments valent 1 ;
- ones(m,n) retourne une matrice à m lignes et n colonnes dont tous les éléments valent 1(matrice unité) ;
- eye(m) retourne une matrice identité d'ordre m ;
- eye(m,n) retourne une matrice à m lignes et n colonnes dont les éléments de la diagonale valent 1et et valent 0 ailleurs.
- rand(m) retourne une matrice carrée d'ordre m dont les éléments sont générés de manière aléatoire entre 0 et 1.
- rand(m,n) retourne une matrice à m lignes et n colonnes dont les éléments sont générés de manière aléatoire entre 0 et 1 ;
- randi(intMax,m,n) retourne une matrice à m lignes et n colonnes dont les éléments sont générés de manière aléatoire l'intervalle [0,intMax] ;
- pascal(m) retourne une matrice carrée d'ordre à m dont les éléments sont générés par la méthode de 'Triangle de Pascal'.
- magic(m) crée une matrice carré magique de dimension m (m >=3).

Attention : Il y'a encore des commandes qui génèrent de nombres aléatoires : randn (distribution normale standard) et randg (distribution Gamma).

`>>zeros(1,3)`
`ans =`
  0   0   0
`>>ones(2,3)`
`ans =`
  1   1   1
  1   1   1
	`>>eye(2)`
	`ans =`
	  1 0
	  0 1
	`>>rand(2,2)`
	`ans =`
	0.2785 0.9575
	0.1576 0.5469
		`>>randi(5,5,3)`
		`ans =`
		1 4 4
		3 1 4
		5 5 2
		4 5 4
		5 4 1
			`>>magic(3)`
			`ans =`
			8 1 6
			3 5 7
			4 9 2

6.2 Manipuler des matrices

Pour manipuler les éléments d'une matrice, il suffit de spécifier l'indice de la ligne et celui de la colonne où se trouvent ses éléments :

- M(i,j) : L'élément de la $i^{ème}$ ligne et $j^{ème}$ colonne de la matrice M ;
- M(:,j) désigne la $j^{ème}$ colonne de la matrice M ;
- M(i,:) désigne la $i^{ème}$ ligne de la matrice M.
- M(:) désigne un vecteur colonne constitué des colonnes de la matrice M.

Encore, on peut manipuler plusieurs lignes ou colonnes ou partie des éléments des lignes et colonnes d'une matrice simultanément :

- M(i,j:k) : Extraire les éléments de la $i^{ème}$ ligne et des colonnes j à k de la matrice M;
- M(:,V) , tel que V est un vecteur d'entiers: Extraire les colonnes d'indices contenus dans le vecteur V de la matrice M;
- M(V,:) , tel que V est un vecteur d'entiers: Extraire les lignes d'indices contenus dans le vecteur V de la matrice M ;

M(V1,V2),tel que V1 et V2 sont deux vecteurs d'entiers: Extraire les éléments d'indices contenus dans le vecteur V1(lignes) et V2(colonnes) de la matrice M.

`> M= [1 2 3; 4,5 6]`
`M =`
1   2   3
    4   5   6
`>> [m,n] = size(M)`
`m =`
    2
`n =`
    3
	`>> M(2,1)`
	`ans =`
	    4
	`>>M(2,:)`
	`ans =`
	    4 5 6
	`>>M(:,3)`
	`ans =`
	    3
	    6
		`>>M(:)`
		`ans =`
		  1
		  4
		  2
		  5
		  3
		  6
			`>>M(:,2:3)`
			`ans =`
			  2 3
			  5 6
			`>>M([2 1],[1 3])`
			`ans =`
			  4 6
			  1 3

Attention: Le symbole (:) permet d'extraire des lignes ou des colonnes d'une matrice.

Il existe des commandes MATLAB permettant de manipuler globalement des matrices. Si M est une matrice et V est un vecteur:

- Si M est une matrice à coefficients réels, M' retourne la transposée de la matrice M.
- Si M est une matrice à coefficients complexes, M' retourne la matrice adjointe de M.

- diag(M) retourne un vecteur colonne composé des éléments diagonaux de la matrice M.
- diag(V) retourne une matrice carrée diagonale dont la diagonale principale est V et les autres éléments sont égaux à "0".
- diag(M,k) retourne un vecteur colonne composé des éléments de la $k^{\text{ème}}$ sur-diagonale (si k > 0) ou la $k^{\text{ème}}$ sous-diagonale (si k < 0)de la matrice M.
- triu(M) retourne une matrice contenant la partie triangulaire supérieure (upper) d'une matrice M.
- tril(M) retourne une matrice contenant la partie triangulaire inférieure (lower) d'une matrice M.
- repmat(M,m) ou repmat(M,m,n) retourne une matrice répliquée de façon entière.
- kron(M,nombre) ou kron(M,matrice) obtenir la réplication d'une matrice de façon entrelacée (Kronecker).
- reshape(M,m,n) modifier les dimensions d'une matrice Men conservant le même nombre d'éléments à l'intérieur de celle-ci.
- [i,j] = find(teste-logique-sur-M) trouver les indices classiques des éléments non nuls et vérifier par le teste logique.
- idx= find(teste-logique-sur-M) trouver les indices linéaires des éléments non nuls et vérifier par le teste logique.
- idx = sub2ind(size(M),i,j) permet de passer de l'indexage classique vers l'indexage linéaire.
- [i,j] = ind2sub(size(M), idx) permet de passer de l'indexage linéaire vers l'indexage classique.

```
>>M=[1 2 3;4,5,6]     >>diag(V)              >>triu(M) ...        >>repmat(M,2)
M =                   ans =                  ,tril(M)             ans =
     1    2    3           1    0            ans =
     4    5    6           0    5                 1    2    3      1 2 3 1 2 3
>> M'                 >>>>diag(M,1)...             0    5    6      4 5 6 4 5 6
ans =                 ,diag(M,-1)                                  1 2 3 1 2 3
     1    4                                  ans =                 4 5 6 4 5 6
     2    5           ans =                       1    0    0
     3    6                2                       4    5    0     >>kron(M,ones(2))
>> V=diag(M)               6                 >>reshape(M,3,2)      ans =
V =                   ans =                  ans =                 1 1 2 2 3 3
     1                     4                      1    5           1 1 2 2 3 3
     5                                            4    3           4 4 5 5 6 6
                                                  2    6           4 4 5 5 6 6
```

>>[i,j]=find(M<=2)
i =
   1
   1
j =
   1
   2
	>>idx= find(M<=2)
	idx =
	   1
	   3
		>>idx=sub2ind(si
		ze(M),i,j)
		idx =
		   1
		   3
			>>[i,j]=ind2sub
			(size(M), idx)
			i =
			   1
			   1
			j =
			   1
			   2

Pour bien visualiser de façon conviviale les matrices, on peut utiliser les commandes :

- pltmat(M) affiche la matrice M dans une fenêtre séparée ;
- printmat (M) affiche la matrice M en indiquant les numéros de ligne.

6.3 Construction une matrice par blocs

Dans certains cas, il peut être utile de construire une matrice par blocs pour en former une plus grande. La construction une matrice par blocs permet de rassembler une ou plusieurs matrices pour en former une plus grande. Les crochets [] également à utiliser pour la concaténation et la construction. Par exemple .Si M1, M2, M3, M4 et M5désignent 4 matrices aux dimensions compatibles(doivent être cohérentes).

- M1=[M2, M3] ; M1=horzcat(M2,M3) ; M1=[M2 M3] ou M1=cat(dim,M2,M3) /dim=2 :concaténer horizontalement les matrices M2 et M3 ;
- M1=[M2;M3] ; M1=vertcat(M2,M3) ou M1=cat(dim,M2,M3) /dim=1 : concaténer verticalement les matrices M2 et M3.
- M1=[M2 M3 ; M4, M5]: concaténer horizontalement et verticalement les matrices M2, M3, M4 et M5.

On peut supprimer une ou plusieurs lignes ou colonnes d'une matrice en les remplaçant par deux crochets « [] ».

>>
M1=[magic(2),ones(2,1)]
M1 =
  1   3   1
  4   2   1
>>M1(:,2) = []
M1 =
  1   1
  4   1
	>>M2=[magic(3);zeros(1,3)]
	M2 =
	  8 1 6
	  3 5 7
	  4 9 2
	  0 0 0
		>>
		M3=[magic(2),ones(2,1);
		magic(3);zeros(1,3)]
		M3 =
		  1 3 1
		  4 2 1
		  8 1 6
		  3 5 7
		  4 9 2
		  0 0 0

7- Matrices creuses

Une structure de matrice creuse (Sparse matrix) est utilisée pour des matrices de grandes dimensions creuses, c'est à dire, ce type de structure n' indice que les coefficients non nuls. Généralement, les coefficients non nuls d'une matrices creuses sont mémorisés uniquement dans la mémoire. Cela présente deux avantages:

- La place mémoire est économisée (on ne stocke pas les zéros);
- les temps de calcul sont réduits en éliminant les opérations sur les zéros (c'est-à-dire réduction du nombre d'opérations).

Par défaut toutes les matrices en Matlab sont des matrices pleines (full matrix) c'est-à-dire que tous ses coefficients sont mémorisés. Il existe un ensemble des commandes pour matrices creuses est disponible sous Matlab (on peut utiliser la commande *help sparfun*). Par exemple: Si M est une matrice pleine et S est une matrice creuse:

- S= sparse(M) permet de stockée une matrice pleine M sous la forme sparse pour obtenir une matrice creuse;
- S= sparse(is,js,s,m,n) permet de définir une matrice creuse directement sous la forme sparse en déterminant les coefficients non nuls (S(is(i),js(i))=s(i)).
- M=full(S) permet de convertir d'une matrice creuse S en matrice pleine;
- nnz(M) permet d'obtenir le nombre de coefficients non nuls de la matrice M;
- spy(M) affiche les éléments non-nuls de la matrice M sur une fenêtre graphique.
- spfun(F,S) applique la fonction mathématique F uniquement aux éléments non nuls
- issparse(S) retourne 1 si la variable est de type matrice creuse, 0 sinon.

Les commandes spdiags, speye et sprand équivalent à les commandes diag, eye et rand mais avec un stockage sparse.

```
>> S=sparse([1 2 3],         >> M=full(S)                    >> spfun(@exp,S)
[ 2 4 8],[11,22,33])         M =
%% S=sparse(is,js,s)                                          ans =
S =                           0 11 0  0  0  0  0 0             1.0e+14 *
   (1,2)       11             0  0  0 22  0  0  0 0             (1,2)       0.0000
   (2,4)       22             0  0  0  0  0  0  0 33            (2,4)       0.0000
   (3,8)       33            >> S=sparse(M)                    (3,8)       2.1464
                             S =                             >> issparse(S)
>>nnz(S)                       (1,2)       11
ans =                         (2,4)       22                 ans =
     3                        (3,8)       33                    1
```

8- Tableaux multidimensionnels

Tableaux multidimensionnels sont des matrices ayant plus de 2 indices (M(:,:,:)) c'est-à-dire en utilisant un 3ème, 4ème... ième indice de matrice.

Un tableau tridimensionnel est une séquence de matrices 2D de tailles identiques appelées pages (pour des matrices de tailles différentes, on devra utiliser les "tableaux cellulaires")

On indexe un élément de ce tableau selon la règle :

Tableau (num_ligne, num_colonne, num_page).

La Figure ci-dessus un tableau tridimensionnel M de dimension 3x3x3

La création d'un tableau tridimensionnel se fait par la concaténation selon l'indexe de matrices de mêmes dimensions.

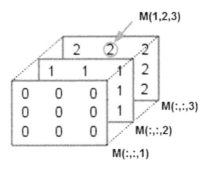

M(1,2,3)

M(:,:,3)
M(:,:,2)
M(:,:,1)

`>> M(:,:,3)=2*ones(3);` `M(:,:,2)=ones(3);M`	`>> p1=zeros(3);` `p2=ones(3);p3=2*ones(3);` `M=cat(3,p1,p2,p3)`	`>> M(:,:,1)=zeros(3);` `M(:,:,2)=1; M(:,:,3)=2;M`
`M(:,:,1) =`		`M(:,:,1) =`
0 0 0	`M(:,:,1) =`	0 0 0
0 0 0	0 0 0	0 0 0
0 0 0	0 0 0	0 0 0
`M(:,:,2) =`	0 0 0	`M(:,:,2) =`
1 1 1	`M(:,:,2) =`	1 1 1
1 1 1	1 1 1	1 1 1
1 1 1	1 1 1	1 1 1
`M(:,:,3) =`	1 1 1	`M(:,:,3) =`
2 2 2	`M(:,:,3) =`	2 2 2
2 2 2	2 2 2	2 2 2
2 2 2	2 2 2	2 2 2
	2 2 2	

9- Tableaux cellulaires

Le tableau cellulaire ("cell array") est le type de donnée complexe et polyvalent. Il peut se composer de données sous formats , dimensions et types différents (scalaire, vecteur, matrice, chaîne, logique, structure... et même tableau cellulaire (tableaux cellulaires imbriqués)).

Les accolades { } seront utilisées soit au niveau des indices des éléments du tableau, soit dans la définition des tableaux cellulaires.

| ```
>> M{1,1}=5;
M{2,1}='Matlab';
M{1,2}=rand(5);
M{2,2}={[1 2
3];'Hello'};M

M =

   [    5] [5x5 double]
   'Matlab' {2x1 cell  }
``` | ```
>> M{2},M{4},M{4}{1}
ans =
Matlab
ans =
   [1x3 double]
   'Hello'
ans =
   1    2    3
``` | ```
>> M(1),M(2),M{4}(1),M{4}(2)
ans =
   [5]
ans =
   'Matlab'
ans =
   [1x3 double]
ans =
   'Hello'
``` |
| ```
>> M{2}='yes'
M =
   [    5]     [5x5 double]
   'yes'       {2x1 cell  }
``` | ```
>> M(2)='yes'
Conversion to cell from
char is not possible.
``` | ```
>> c=[M M]
c =
   [    5] [5x5 double] [   5]   [5x5double]
   'yes' {2x1 cell  } 'yes'   {2x1 cell }
``` |

Attention: '{ }' utiliser pour récupérer les valeurs de la cellule,'()' utiliser pour récupérer la cellule.

Il existe un ensemble des commandes pour les tableaux cellulaires est disponible sous Matlab. Par exemple: cellfun, cell, iscell,...etc.

10- Type de donnée numérique

Une matrice contient des valeurs numériques de type ou de classe sous MATLAB de différente taille en mémoire sont stockées sous forme binaire, ces valeurs sont codées sur un certain nombre de bits.

Type/Classe	Désignation	Taille	Plage de valeur
int8	Entier signé (+/-)	8 bits - 1 octet	$[-2^7 \quad 2^7-1]$
uint8	Entier non signé	8 bits - 1 octet	$[0 \quad 2^8-1]$
int16	Entier signé (+/-)	16 bits - 2 octets	$[-2^{15} \quad 2^{15}-1]$
uint16	Entier non signé	16 bits - 2 octets	$[0 \quad 2^{16}-1]$
int32	Entier signé (+/-)	32 bits - 4 octets	$[-2^{31} \quad 2^{31}-1]$
uint32	Entier non signé	32 bits - 4 octets	$[0 \quad 2^{32}-1]$
int64	Entier signé (+/-)	64 bits - 8 octets	$[-2^{63} \quad 2^{63}-1]$
uint64	Entier non signé	64 bits - 8 octets	$[0 \quad 2^{64}-1]$
single	Réel simple précision	32 bits - 4 octets	[realmin('single') realmax('single')]
double	Réel double précision	64 bits - 8 octets	[realmin('double') realmax('double')]

Par défaut une matrice contenir des variables de classe double . Alors ces variables sont codées sur 64 bits.

| ```
>> a=[-1 ,2.5 ; 3/4 4]
a =
   -1.0000    2.5000
    0.7500    4.0000

>> class(a)
ans =
double
``` | ```
>> b=uint8(a)
b =
   0    3
   1    4
>> class(b)
ans =
uint8
``` | ```
>> c=int64(a)
c =
   Column 1
              -1
               1
   Column 2
               3
               4
>> class(c)
ans =
int64
``` |
```

11- Exercices :

Exercice 1 :

1. Effectuer les commandes suivantes dans Matlab :
2. Expliquer ce que renvoie chacune des commandes?

```
>>x = [5/2 1.23456e-7  pi  2345.e-1]
>>format long ; x
>>format long e; x
>>format long g; x
>>format short; x
>>format short e; x
>>format short g; x
>>format bank; x
>>format rat; x
>>format hex; x
```

Exercice 2 :

1. Utiliser les commandes Matlab appropriées pour évaluer les expressions suivantes :

$12^3, 45^{6/7}, \left(\frac{8}{9} + 10,11\right)^{12}, \log_{10}(13), \sin\left(\frac{\pi}{14}\right) + 4\arctan(1) - e^{\pi}$, $\pi + 4arctan(1) + imag(ln(-1))$.

2. Effectuer les mêmes calculs, mais en mettant le résultat dans une variable.

Exercice 3 :

Soit à calculer le volume suivant : $V = \frac{4}{3}\pi R^3$ où R=4/3 cm et R=4\3 cm

Quel sera le résultat dans Matlab ?

Exercice 4 :

Soit z= (4 - 2.5i)*(-2 + i)/ (1 + i)

1. Obtenir respectivement la partie réelle (a) et imaginaire (b) d'un nombre complexe z.
2. Calculer la conjugué (zc) par la transposition de z ou par la fonction de Matlab.
3. Calculer le module(r) et l'argument (theta) d'un nombre complexe à partir de leurs définitions mathématiques.
4. Obtenir directement le module et l'argument de z en utilisant les fonctions de Matlab.
5. Ecrire z sous la forme trigonométrique et sous la forme polaire r*exp(i*t).

Note : r=sqrt (z*zc) ou r=sqrt (a^2,b^2), theta=atan (b/a) ou theta=acos(a/r), la forme trigonométrique : r*(cos(theta)+i*sin(theta)) et la forme polaire : r*exp(i* theta).

Exercice 5 :

1- Assigner les valeurs 12 à a, 34 à b et 'ab' à ch puis évaluer les expressions suivantes : a/b, b\a, a^b, isempty(ch), isreal(ch) et a+b+ch.

2- Effectuer les commandes suivantes dans Matlab :

```
>>ch=[ch a b]
ch(3 :length(ch))
>>ch(3 ;end)
>>whos
>>clear a
>>a
>>clear
>>whos0
```

Note: a+b+ch=12+34+'ab'=46+'a',46+'b'=46+97,46+98=143 144 ch=[ch a b]=['ab' char(12) char(34)]

Exercice 6 :

Soit ch= 'HELLO everybody'

1. Calculer le nombre d'occurrences d'un caractère "e".

2. Calculer le nombre de lettres minuscules.

3. convertir la chaine ch en Majuscule.

4. Compte le nombre de mots dans une chaîne ch.

Note : Utiliser : char(97)='a'; double('z')=122 ,lower('A')=a et upper(' a ') =A;

1-length(find(ch=='e')) ; 2-length(find(ch>= double('a')& ch<= double('z')));

4- length(find(ch==' '))+1

Exercice 7 :

Créez les vecteurs au-dessous:

(11 9 7 5 3), (10 15 20 25 30 35), (7 7 7 7 7 7), (6.5 7.0 7.5 8.0 8.5 9.0)

Créez les matrices au-dessous:

$$
\begin{pmatrix} 1 & 2 & 3 & 4 \\ 5 & 6 & 7 & 8 \\ 9 & 10 & 11 & 12 \end{pmatrix},
\begin{pmatrix} 0 & 4 & 4 & 4 \\ 4 & 0 & 4 & 4 \\ 4 & 4 & 0 & 4 \\ 4 & 4 & 4 & 0 \end{pmatrix},
\begin{pmatrix} 1 & 3.4 & 0.0 & 0.0 & 0.0 & 0.0 & 5 \\ 1 & 0.0 & 3.4 & 0.0 & 0.0 & 0.0 & 6 \\ 1 & 0.0 & 0.0 & 3.4 & 0.0 & 0.0 & 7 \\ 1 & 0.0 & 0.0 & 0.0 & 3.4 & 0.0 & 8 \\ 1 & 0.0 & 0.0 & 0.0 & 0.0 & 3.4 & 9 \end{pmatrix},
\begin{pmatrix} 1 & 0 & 7 & 0 \\ 0 & 1 & 7 & 0 \\ 0 & 0 & 7 & 0 \\ 0 & 0 & 7 & 1 \end{pmatrix},
\begin{pmatrix} 1 & 7 & 0 & 0 \\ 0 & 7 & 1 & 0 \\ 0 & 7 & 0 & 0 \\ 0 & 7 & 0 & 1 \end{pmatrix}
$$

Note: 4*ones(4)-4*eye(4); [ones(5,1),3.4*eye(5),[5:9]];M=eye(4),M(:,3)=7;

v= M(:,2), M(:,2)= M(:,3), M(:,3)=v;

Exercice 8:

Soit la matrice magique d'ordre 4: M = magic(4)

Extraire les éléments suivants:

1- L'élément de la 4ème ligne et 3ème colonne de la matrice M (indexage classique);

Solution: M(4,3)

2- L'élément de la 4ème ligne et 3ème colonne de la matrice M (indexage linéaire);

Solution: M(12)

3- Dernier élément de la première colonne;

Solution: M(end,1)

4-Dernier élément de la seconde colonne;

5-Dernier élément de la première ligne;

6-Dernier élément de la seconde ligne;

7-Dernier élément de la matrice (indexage classique);

8-Dernier élément de la matrice (indexage linéaire).

Exercice 9:

Soit M = [1:3;3:2:7]

On souhaite trouver toutes les valeurs supérieures à 3 dans la matrice M.

1- Utiliser les indices classiques pour trouver ces valeurs?

Solution: [i,j] = find(M>3) ; M(i(1),j(1))

2- Utiliser les indices linéaires pour trouver ces valeurs?

Solution: idx = find(M>3); M(idx)

3- Utiliser indexage logique pour trouver ces valeurs?

Solution: idx = X>3; M(idx)

Exercice 10:

Voici un exemple de la matrice tridiagonale issue de la discrétisation par différences finies du problème de Dirichlet en dimension 1.

$$A_n = \begin{bmatrix} 2 & -1 & & & & & \\ -1 & 2 & -1 & & & & \\ & -1 & 2 & \ddots & & & \\ & & -1 & \ddots & & & \\ & & & \ddots & \ddots & -1 & \\ & & & & 2 & -1 & \\ & & & -1 & 2 & -1 \\ & & & & -1 & 2 \end{bmatrix}$$

1-Créer la matrice au dessus en utilisant les commandes de Matlab?

2-Que fait la séquence d'instructions suivantes ?

S = [eye(n), zeros(n,1)] ;
S = S (: , 2 : n+1) ;
A = 2*eye(n) – S – S'

3- Même question avec la séquence d'instructions ?

D = diag(ones(n,1)) ;
SD = diag(ones(n-1,1),1) ;
A – 2*D – SD – SD'

Note:

>> A–diag(2*ones(N,1)) - diag(ones(N-1,1),1) - diag(ones(N-1,1),-1)

Exercice 11:

Ce tableau possède 3 pages, chacune ayant 4 lignes et 3 colonnes.

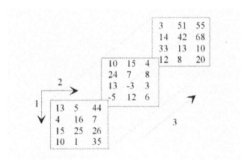

1- Créer ce tableau tridimensionnel (M)

2- Extraire les valeurs suivantes : 68,-3,(13 -3 3) et [14 42; 33 13].

3- Supprimer le dernier colonne de tableau tridimensionnel (le tableau de dimension 4x3x3 devient 4x2x3).

Chapitre3 : Calculs avec Matlab

1- Opérateurs de base

	Opérateur ou fonction	Description	L'ordre de précédence
Opérateurs arithmétiques de base	+ ou plus(m,n)	Addition	5
	- ou minus(m,n)	Soustraction	5
	* ou mtimes(m,n,...)	Multiplication	4
	/ ou mrdivide(m,n)	Division standard	4
	\ ou mldivide(m,n)	Division à gauche	4
	^ ou mpower(m,n)	Puissance	2
	' ; transpose(m) ou ctranspose(m)	Transposer	2
	( )	Parenthèses (pour changer ordre de précédence(priorité))	1
	-,+	Les opérateurs unaires (le signe)	3
	:	Opérateur de Colon ou deux points (utilisé pour les plages).	6
Opérateurs relationnels	== ; eq(m,n); isequal(m,n) ou strcmp(m,n) ;	Test d'égalité	7
	~= ou ne(m,n)	Test de différence	7
	< ou lt(m,n)	Test d'infériorité	7
	> ou gt(m,n)	Test de supériorité	7
	<= ou le(m,n)	Test d'infériorité ou égalité	7
	>= ou ge(m,n)	Test de supériorité ou égalité	7
Opérateurs logiques	~ expression not(expression)	Négation logique(opérateur unaire)	3
	expression1 & expression2 and(expression1, expression2)	ET logique.	8
	expression1 && expression2	ET logique "short circuit".	10
	expression1 | expression2 or(expression1, expression2)	OU logique.	9
	expression1 || expression2	OU logique "short circuit	11
	xor(expr1, expr2 ,...)	OU EXCLUSIF logique	///
	bitand, bitcmp, bitor, bitxor...	Pour des opérandes binaires	///

Attention: court-circuit signifie que la seconde expression est évalué seulement si le résultat n'est pas complètement déterminé par le première expression. Par exemple: soit : expression1 || expression2,". il n'évalue expression2 que si expression1 est fausse.

`>> A=[0 0 1 1], B=[0 1 0 1],`	`>> (1|0)&1`	`>> minus(4,mpower(-5,3)),`
`A|B, xor(A,B)`	`ans =`	`4-(-5)^3`
`A =   0   0   1   1`	`    1`	`ans =`
`B =   0   1   0   1`	`>> A || B`	`    129`
`ans = 0  1  1  1`	Operands to the ||	`ans =`
`ans = 0  1  1  0`	and && operators must	`    129`
`>> 1|0&1`	be convertible to	
`ans =`	logical scalar	
`    1`	values.	

2- Fonctions portant sur les scalaires

2.1 Fonctions mathématiques:

De nombreuses fonctions de calcul sont prédéfinies dans Matlab. Voici une liste non exhaustive :

- Fonctions trigonométriques et inverses : sin, cos, tan, asin, acos, atan ;
- Fonctions hyperboliques : sinh, cosh, tanh, asinh, acosh, atanh ;
- Fonctions spécifiques aux complexes : conj ,abs(le module), angle, real ,imag;
- log(n) retourne le logarithme népérien ou naturel de n;
- log10(n) retourne le logarithme en base 10 de n;
- exp(n) retourne l'exponentielle de n;
- sqrt(x) retourne la racine carrée de x ;
- abs(n) retourne la valeur absolue de n;
- sign(x) retourne 1 si x est positif ou nul et 0 sinon.
- mod(m,n) retourne le m modulo n;
- rem(m,n) retourne le reste (remainder) de la division entière de deux entiers m et n;
- lcm(m,n) retourne le plus petit multiple commun à deux entiers m et n;
- gcd(m,n) retourne le plus grand commun diviseur à deux entiers m et n;
- factor(n) retourne les termes de la décomposition en facteurs premiers de l'entier n;
- round(n) retourne le arrondi à l'entier le plus proche de n;
- floor(n) retourne le arrondi par défaut de n (Le plus grand entier qui est inférieur ou égal à n) ;
- ceil(n) retourne le arrondi par excès de n (Le plus petit entier qui supérieur ou égal à n);
- fix(n) retourne le arrondi par défaut un réel positif et par excès un réel négatif de n;

`>> sign(-2),mod(-13,4),` `rem(-13,4), mod(13,4),` `rem(13,4)` `ans = -1` `ans = 3` `ans = -1` `ans = 1` `ans = 1`	`>>lcm(12,4),gcd(12,4),` `factor(12),[round(1.2),` `round(1.7)]` `ans = 12` `ans = 4` `ans = 2  2  3` `ans = 1  2`	`>> [floor(1.2),floor(1.7)],` `[ceil(1.2),ceil(1.7)],` `[fix(1.2),fix(-1.2)]` `ans = 1  1` `ans = 2  2` `ans = 1  -1`

Attention: Pour les fonctions trigonométriques, les angles sont exprimés en radians.

2.2 Fonctions de conversion de type numérique

Ces fonction décrite au chapitre 2, on a mentionné différents types relatifs aux nombres : entiers de type entiers signés (int8,int16,int32,int64), entiers de type entiers non signés - unsigned- (uint8,uint16,uint32,uint64), réels virgule flottante double ou simple précision (double or single).

2.3 Fonctions logiques

Les fonctions logiques retournent en général les valeurs vrai (1) ou faux (0). sont ces fonctions présentées au chapitre "2". Il en existe un très grand nombre par exemple: isfloat(),isepmty(),ischar(),exist(),isinf(),isnan(),isfinite().

`>> isfinite([0/0 4/0 pi -Inf])` `ans =` `     0    0    1    0` `>> isinf([0/0 4/0 pi -Inf])` `ans =` `     0    1    0    1`	`>> isnan([0/0 4/0 pi -Inf])` `ans =` `     1    0    0    0` `>>[exist('A'),exist('sigm.m'),exist('exp'),` `exist('Nothing')]` `ans =    1    2    5    0`

La plupart fonctions portant sur les scalaires fonctionnent pour des réels, des complexes sous forme de matrices.

3- Séries numérique linéaire

L'opérateur: (deux points ou Colon) permet de construire des séries linéaires sous la forme de vecteurs ligne:

- series=start:end ou series=colon(start,end) permet de crée une série numérique linéaire débutant par la valeur *start*, auto-incrémentée de "1" et se terminant par la valeur *end*.

- series=start:step:end ou series=colon(start,step,end) permet de crée une série numérique linéaire débutant par la valeur *start*, incrémentée ou décrémentée du pas précisé *step* et se terminant par la valeur *end*.

- series =linspace(start,end) permet de crée une série de 100 éléments linéairement espacés de la valeur *start* jusqu'à la valeur *end*.

- series=linspace(start,end,nbval) permet de crée une série de *nbval* éléments linéairement espacés de la valeur *start* jusqu'à la valeur *end*.

- series= logspace(start,end) permet de crée une série logarithmique de 50 éléments, débutant par la valeur 10^{start} et se terminant par la valeur 10^{end}.

- series= logspace(start,end,nbval) permet de crée une série logarithmique de *nbval* éléments, débutant par la valeur 10^{start} et se terminant par la valeur 10^{end}.

```
>> s1=(0:5/9:5)' %%(xn-x0)/n-1=(5-0)/(10-1)=5/9     >> s2=linspace(0,5,10)'
s1 =                                                 s2 =
        0                                                    0
   0.5556                                               0.5556
   1.1111                                               1.1111
   1.6667                                               1.6667
   2.2222                                               2.2222
   2.7778                                               2.7778
   3.3333                                               3.3333
   3.8889                                               3.8889
   4.4444                                               4.4444
   5.0000                                               5.0000
```

4- Fonctions portant sur les vecteurs et les matrices

MATLAB ne faisait pas de distinction forte entre vecteurs et matrices. En fait, MATLAB permet d'effectuer des opérations de manière globale sur les éléments d'un vecteur ou une matrice sans avoir à manipuler directement ses éléments.

Opérateur ou fonction		Description
Multiplication, division, addition et soustraction avec un scalaire.	k*A, A/k, k+A, k-A.	Si k est une variable scalaire et A est un vecteur ou une matrice, ces instructions effectuent des opérations sur tous les éléments de A par k.
Addition et soustraction	A+B ou A.+B A-B ou A.-B	Les deux tableaux (vecteur ou matrice) ont la même taille, le résultant est un tableau en ajoutant ou soustrayant les termes de chaque tableau.
Multiplication, division et puissance terme à terme(élément par élément)	A.*B ou times(A,B) A./B ou rdivide(A,B) A.\B ou ldivide(A,B) A.^B ou power(A,B)	Ces opérateurs effectuer des opérations terme à terme sur deux tableaux de même taille.
Multiplication, division et la puissance matricielle	A*B	Le nombre de colonnes de A doit être égal au nombre de lignes de B pour que la multiplication fonctionne ($\sum_i A_{ik} B_{kj}$).
	A/B = A*B^-1 si B^-1 ≠inf ou NaN	Le nombre de lignes de A doit être égal au nombre de lignes de B pour que la multiplication fonctionne.
	A^k	La matrice multipliée n fois par elle-même.
Le système linéaire Ax=b	A\b ; A^-1*b ou b'/A'	La solution du système linéaire.
Fonctions vectorielles	cross(v1,v2)	Calculer le produit vectoriel des deux vecteurs v1 et v2.
	dot(v1,v2) ou v1*v2'	Calculer le produit scalaire des deux vecteurs v1 et v2.

Fonctions vectorielles et matricielles	sum(M)	somme des éléments du vecteur M ou un vecteur ligne contenant la somme des éléments de chaque colonne de la matrice M.
	cumsum(M)	somme partielle (cumulée) des éléments de M
	prod(M)	produit des éléments du vecteur M ou un vecteur ligne contenant le produit des éléments de chaque colonne de la matrice M.
	cumprod(M)	produit partiel (cumulé) des éléments de M
	max(M)	plus grand élément du vecteur M ou un vecteur ligne contenant le plus grand de chaque colonne de la matrice M
	min(M)	plus petit élément du vecteur M ou un vecteur ligne contenant le plus petit de chaque colonne de la matrice M
	mean(M)	Retourne la moyenne arithmétique des éléments du vecteur M ou un vecteur ligne contenant la moyenne arithmétique des éléments de chaque colonne la matrice M
	std(M)	retourne l'écart-type des éléments du vecteur M ou retourne un vecteur ligne contenant l'écart-type des éléments de chaque colonne de la matrice M.
	median(M)	Calcule la médiane du vecteur M ou de la matrice M.
	cov(M)	Retourne un vecteur de covariance du vecteur M ou une matrice de covariance de la matrice M.
	sort(M) sort(M,mode)	ordonne les éléments du vecteur x par ordre croissant. Le mode de tri par défaut est 'ascend' Le mode de tri descendant que l'on spécifie 'descend'.
	fliplr(M)	renverse l'ordre des éléments du vecteur ligne ou matrice horizontalement M (left/right).
	flipud(M)	renverse l'ordre des éléments du vecteur colonne ou matrice verticalement M (up/down).
	flipdim(M, dim)	permute les lignes ou les colonnes de la matrice M(dim=1 pour les lignes et dim=2 pour les colonnes),voir help de Matlab pour decouvrir autres fonctions de réorganisation de matrices :rot90, permute, ipermute...
	intersect(M1,M2) setdiff(M1,M2) union(M1,M2)	Retournent un vecteur trié et sans répétitions, les éléments qui sont communs à M1 et M2 , les éléments qui existent dans M1 mais n'existent pas dans M2 et , les éléments qui existent dans M1 et/ou dans M2, respectivement.
	sortrows(M)	Trie les lignes de la matrice mat dans l'ordre croissant
	unique(M)	Retourne un vecteur contenant les éléments de la matrice A triés dans un ordre croissant et sans répétitions.
	det(A)	retourne le déterminant de la matrice carrée A.
	eig(A)	retourne les valeurs propres (eigenvalues) de la matrice carrée A.
	[V,D] =eig(A)	retourne une matrice diagonale D formée des valeurs propres de A et une matrice V dont les vecteurs colonnes sont les vecteurs propres correspondant. (voir autre fonction lier à vecteurs et valeurs propres eigs, svd, svds, cond, condeig...)

	poly(A)	retourne les coefficients du polynôme caractéristique associé à la matrice carrée A (attention à l'ordre des coefficients).
	inv(A)	retourne l'inverse de la matrice carrée A.
	rank(A)	retourne le rang de la matrice carrée A (le nombre de lignes ou de colonnes linéairement indépendants).
	trace(A)	retourne la trace de la matrice A (la somme des éléments de sa diagonale principale).
	expm(A)	retourne l'exponentielle matricielle de A
Fonctions matricielles help elmat et help matfun	norm(A)	Calcule la norme 2 de la matrice A(longueur).
	norm(A,2)	retourne même chose que norm(A).
	norm(A,1)	norme 1 de la matrice A $\|A\|_1 = \max_{1 \le j \le n} \sum_{1 \le i \le n} |a_{ij}|$.
	norm(A,inf)	norme infini de la matrice A $\|A\|_\infty = \max_{1 \le i \le n} \sum_{1 \le j \le n} |a_{ij}|$
	norm(A,'fro')	norme de Frobenius de la matrice A $\|A\|_{fro} = \sqrt{\sum_{1 \le i,j \le n} |a_{ij}|^2}$.
	Fonctions de décomposition/factorisation	lu(LU), chol (Cholesky), qr(QR), schur (Schur), svd(valeurs singulières), hess(Hessenberg).
	cond(A) ou norm(a)*norm(a^-1)	Retourne le nombre-condition satisfait toujours la condition : cond(A)>=0
Fonctions matricielles logiques	isequal(M1,M2)	Retourne si tous les éléments de M1 sont égaux aux éléments de M2, 0 sinon.
	isscalar(M)	Retourne 1 si M est un scalaire, 0 si c'est un vecteur ou Matrice
	isvector(M)	Retourne 1 si M est un vecteur ou scalaire, 0 si Matrice (dim ≥ 2)
	iscolumn(M)	Retourne 1 si M est un vecteur colonne ou scalaire, 0 si Matrice (dim ≥ 2)
	isrow(M)	Retourne 1 si M est un vecteur ligne ou scalaire, 0 si Matrice (dim ≥ 2)
	ismember(M1,M2)	retourne une matrice logique si les valeurs de M1 sont présentes dans M2
	any(M)	Retourne 1 si l'un au moins des éléments du vecteur M n'est pas nul
	all(M)	Retourne 1si si tous les éléments du vecteur M ne sont pas nul

```
>> A=[8 6;6 7],        >> A-B                    >>v1=[1:3];v2=[4:6];      >>sum(A)
B=[-1 4; 3 0.5]        ans=9.0000    2.0000      >>cross(v1,v2)            ans =    14      13
A = 8      6                   3.0000    6.5000      ans = -3   6  -3         >>cumsum(A)
    6      7           >> A.*B                    >>[dot(v1,v2),           ans =    8       6
B =-1.0000 4.0000      ans=-8.0000 24.0000        v1*v2']                           14      13
    3.0000 0.5000              18.0000  3.5000     ans = 32    32            >>  [max(A),min(A);
>> A/2                 >> A*B                    >>det([v1(2:3);v2(2:3)]),  mean(A),std(A)]
ans =4.0000 3.0000     ans=10.0000 35.0000        det([v1([1,3]);v2([1,3])]),  ans =
    3.0000 3.5000              15.0000 27.5000     det([v1(1:2);v2(1:2)])]   8.0000 7.0000 6.0000 6.0000
                                                  ans =-3.0000  6.0000      7.0000 6.5000 1.4142 0.7071
                                                  -3.0000
```

`>> sort(A)`	`>>fliplr(A),`	`>> cov(A)`	`>> inv(A)`
`ans =`	`flipud(A)`	`ans =`	`ans =`
`     6     6`	`ans =`	`     2.0000   -1.0000`	`     0.3500   -0.3000`
`     8     7`	`     6     8`	`    -1.0000    0.5000`	`    -0.3000    0.4000`
`>> unique(A)`	`     7     6`	`isequal(A,B)`	`>> A^-1`
`ans =`	`ans =`	`>> flipdim(A,2)`	`ans =`
`     6`	`     6     7`	`ans =`	`     0.3500   -0.3000`
`     7`	`     8     6`	`     6     8`	`    -0.3000    0.4000`
`     8`		`     7     6`	

5- Résolution de systèmes linéaires

Nous allons voir comment résoudre des équations linéaires du type suivant :

$$a_{11}x_1 + \ldots + a_{1n}x_n = b_1$$
.
.
$$a_{i1}x_1 + \ldots + a_{in}x_n = b_i$$
.
.
$$a_{m1}x_1 + \ldots + a_{mn}x_n = b_m$$

où n est le nombre d'inconnues : $x_1, \ldots, x_n$ et m le nombre d'équations.

peut s'exprimer sous forme matricielle : Ax=b

où la matrice $A = [a_{11} \ldots a_{1n}; \ldots; a_{i1} \ldots a_{in}; \ldots; a_{m1} \ldots a_{mn}] \in \Re^{m \times n}$ des coefficients du système et le vecteur $b = [b_1; \ldots; b_2; \ldots; b_m] \in \Re^m$ des membres gauches des équations sont données et $X = [x_1; \ldots; x_n]$ désigne le vecteur des inconnues.

Si m=n, A est une matrice carrée et si le déterminant de A est non nul, alors A est inversible.

Avec MATLAB, les équations linéaires peuvent se résoudre à l'aide de l'opérateur anti-slash '\' (backslash), comme suit:

x= A\b ; x= A^-1*b ; x= b'/A' ou x= inv(A)*b

MATLAB utilise dans l'ordre les méthodes suivantes :

- Les systèmes dont les membres de droites sont nuls (b=0) sont dits homogènes : Ax=0. Si det(A)≠0, alors la seule solution possible (solution triviale) est x=0, si det(A)=0, alors plusieurs solutions sont possibles
- Si A est une matrice triangulaire, une *simple substitution* (l'algorithme de substitution rétrograde) est utilisé pour résoudre ce système.
- Si la matrice A est symétrique réelle ou hermitienne complexe définie positive(matrice positive inversible), on peut utiliser la factorisation de Cholesky (en utilisant R=chol(A))pour résoudre les systèmes linéaires. Dans un premier temps, on calcule la matrice triangulaire supérieure inferieure R telle que A = R'*R. Dans un second temps, on résout successivement R'*y =b et R*x = y par un algorithme de descente-remontée.

- Si A est une matrice carrée mais n'entrant pas dans les deux cas précédents, une factorisation LU (en utilisant [L,U]=lu(A))est réalisée en utilisant la méthode d'élimination de Gauss avec stratégie de pivot partiel.
- Si A n'est pas une matrice carrée, la méthode de Householder associée à la factorisation A = QR avec R triangulaire supérieure et Q orthogonale . En Matlab, on calcule la factorisation QR d'une matrice A en tapant [Q,R]=qr(A).

Dans le cas des matrices sparse, des algorithmes particuliers sont mis en œuvre.

Il est également possible d'utiliser.

Les commandes cgs, bicg, bicgstab mettent par exemple en oeuvre des méthodes de type.

Pour les grands problèmes, Matlab est bien équipé par des méthodes itératives: bicg, bicgstab, cgs, pcg (gradient conjugué) ,gmres, lsqr, minres, symmlq, qmr.

```
>> A=[1 2 ; 5 6]; b=[1;2];          >> x=A\b
>> x= A\b                            Warning: Matrix is singular to
x =                                  working precision.
   -0.5000                           x =
    0.7500                              -Inf
>> A*x                                   Inf
ans =                                >> R=chol(A),x=(R'*R)\b
    1                                R =
    2
>> A=[2,3;4,6];b=[5;2];                 1.4142    2.1213
>> det(A)                                    0    1.2247
ans =                                x =
    0
                                        8.0000
                                       -3.6667
```

6- Polynômes

MATLAB représente un polynôme de degré n sous forme d'un vecteur p de ses coefficients $\{a_n,..., a_0\}$ classés dans l'ordre des puissances décroissantes. Le nombre d'éléments d'un vecteur p est égal au degré (ordre) du polynôme + 1.

$$p(x) = a_n x^n + a_{n-1}x^{n-1} + ... \ a_2 x^2 + a_1 x + a_0$$

Voici une liste des fonctions de polynômes sont prédéfinies dans Matlab :

- inline(f): permet de définir directement une fonction f qui dépend de la variable x;
- polyval(p,x) : évalue un polynôme p en un point x;
- p=polyfit(x,y,n): détermine les coefficients du polynôme d'interpolation de l'ordre n (Ajustement) qui approche p(x(i))=y(i) au sens des moindres carrées.
- polyder(p) retourne la dérivée du polynôme p;
- roots(p): retourne les racines d'un polynôme p;
- poly(r) retourne les coefficients du polynôme à partir des ses racines (r) sont rangées suivant les puissances décroissantes.
- conv(p1,p2) retourne le produit (la convolution) de deux polynômes p1 et p2;
- deconv(p1,p2) retourne la division (déconvolution) de deux polynômes p1 et p2;
- [r,p,k]=residue(p,q) fait la décomposition en éléments simples d'une fraction rationnelle, sous la forme: $\frac{p}{q} = \frac{r_1}{x-p_1} + \frac{r_2}{x-p_2} + \cdots + \frac{r_n}{x-p_n} + k$ où r_i : résidu, p_i : pôle et k : terme direct (polynôme).

- yp = interp1(x,y,xp,'method') retourne les valeurs des polynômes (yp) pour différentes valeurs de xp pour les coordonnées (x,y) du support d'interpolation. Le type d'interpolation par morceaux est fourni par l'intermédiaire de la method qui peut soit être 'nearest' , 'linear', 'spline' et 'cubic'.

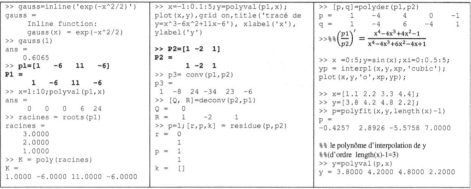

```
>> gauss=inline('exp(-x^2/2)')
gauss =
     Inline function:
     gauss(x) = exp(-x^2/2)
>> gauss(1)
ans =
    0.6065
>> p1=[1   -6   11   -6]
P1 =
     1   -6   11   -6
>> x=1:10;polyval(p1,x)
ans =
     0    0    0    6   24
>> racines = roots(p1)
racines =
    3.0000
    2.0000
    1.0000
>> K = poly(racines)
K =
1.0000 -6.0000 11.0000 -6.0000
```

```
>> x=-1:0.1:5;y=polyval(p1,x);
plot(x,y),grid on,title('tracé de
y=x^3-6x^2+11x-6'), xlabel('x'),
ylabel('y')

>> P2=[1 -2  1]
P2 =
     1 -2  1
>> p3= conv(p1,p2)
p3 =
  1  -8  24 -34  23  -6
>> [Q, R]=deconv(p2,p1)
Q =
     0
R =
     1    -2    1
>> p=1;[r,p,k] = residue(p,p2)
r =
     0
p =
     1
p =
     1
k =
     []
```

```
>> [p,q]=polyder(p1,p2)
p =
     1   -4    4    0   -1
q =
     1   -4    6   -4    1
```
$$>>\%\%\left(\frac{p1}{p2}\right)' = \frac{x^4-4x^3+4x^2-1}{x^4-4x^3+6x^2-4x+1}$$
```
>> x =0:5;y=sin(x);xi=0:0.5:5;
yp = interp1(x,y,xp,'cubic');
plot(x,y,'o',xp,yp);

>> x=[1.1 2.2 3.3 4.4];
>> y=[3.8 4.2 4.8 2.2];
>> p=polyfit(x,y,length(x)-1)
p =
-0.4257  2.8926 -5.5758  7.0000

%% le polynôme d'interpolation de y
%%(d'ordre length(x)-1=3)
>> y=polyval(p,x)
y = 3.8000 4.2000 4.8000 2.2000
```

Le bouton Data Curseur permet de montrer sur le graphique les solutions du polynôme.

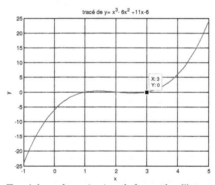

Interpolation cubique: Tracé des valeurs (x,y) et de la courbe d'interpolation(yp,xp)

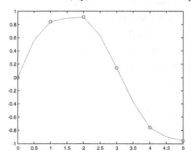

7- Exercices :

Exercice 1 :

Que donnera dans Matlab les commandes suivantes ?
```
>> linspace( 0, 3, 40 )
>> M=[ linspace( 0, 3, 3 ); linspace( 1, 6, 3 ); linspace( 2, 9, 3 )]
>> sum(M), cumsum(M), prod(M), cumprod(M)
>> max(M), min(M), mean(M), std(M) ,median(M) ,cov(M)
>> sort(M), sort(M, 'descend'), fliplr(M), flipud(M), flipdim(M, 1), flipdim(M, 2), rot90(M) ,
sortrows(M), unique(M)
>> intersect(M(1,:), M(3,:)), setdiff(M(1,:), M(3,:)), union(M(1,:), M(3,:))
>> det(M), eig(M), [V,D] =eig(M), inv(M), rank(M), trace(M) ,expm(M), norm(M)
>> isequal(M(1,:), M(3,:)), isscalar(M), isvector(M), iscolumn(M(:,1)), isrow(M),
ismember(M(1,:), M(3,:)), any(M) , all(M)
```

Exercice 2 :

1. Créer les matrices suivants dans Matlab, en utilisant la manière la plus efficace possible :

$$M1 = \begin{pmatrix} 3 & 3 & 3 \\ 1 & 1 & 1 \\ -1 & -1 & -1 \end{pmatrix} \text{ et } M2 = \begin{pmatrix} 1 & 8 & 27 \\ 64 & 125 & 216 \\ 343 & 512 & 729 \end{pmatrix}$$

1- Calculer le déterminant et l'inverse de M1 et de M2
2- Extraire l'élément (2, 3) de M1
3- Assigner la troisième colonne de M1 à V1
4- Assigner les lignes 1 et 3 de M2 à V2 et V3, respectivement.
5- Calculer V1+V2 , 10*V1-V2+V3/5
6- Calculer $\|V1\|_1$, $\|V2\|_2$ et $\|V3\|_\infty$
7- Calculer la norme (1,2, ∞) à partir de leurs définitions mathématiques.
8- Calculer la norme de Frobenius de la matrice M2
9- Calculer le produit vectoriel des deux vecteurs V1 et V2.
10- Calculer le produit scalaire des deux vecteurs V1 et V2.
11- Calculer le cosinus de l'angle formé par les vecteurs V2 et V3.
12- Déterminer le résultat des opérations suivantes:
```
>> M1+M2, M2-M1
>> M1*M2, M1.*M2
>> M1^M2, M1.^M2
>> M1./M2, M2.\M1, M1/M2
```
Note:
1- n = [1:9] .^3, M2=reshape(n,3,3)'
7- normp=(sum(abs(V1).^p))^(1/p);
8- norm(M2,'fro')
9,10- cross(V1,V2) et dot(V1,V2)
11-
$$\theta = \arccos\left(\frac{\vec{x} \cdot \vec{y}}{\|\vec{x}\| \times \|\vec{y}\|} \right). \quad \text{dot(x,y)}$$

Exercice 3:

On note $A = \begin{pmatrix} 5 & 6 & 3 \\ -1 & 5 & -1 \\ 1 & 2 & 0 \end{pmatrix}$, $B = \begin{pmatrix} 1 \\ -1 \\ 1 \end{pmatrix}$, $U_o = \begin{pmatrix} 2 \\ 1 \\ 1 \end{pmatrix}$.

On définit la suite de vecteurs $U_{n+1} = A U_0 + B$, pour $n \geq 0$
1- Calculer les 40 premiers termes de la suite U_n. Qu'observez-vous.

2- Calculer les termes de la suite $U_n = \frac{2^n}{\sqrt{n}}$, pour n = 1, . . . , 40.(utiliser : n=input('Valeur de n: '))

Exercice 4:

1- Résoudre les systèmes d'équations ci-dessous

$$\begin{cases} -2x_1 + x_2 = -3 \\ x_1 + x_2 = 3 \end{cases}, \begin{cases} 3x_1 + 2x_2 + x_3 = 4 \\ -x_1 + 5x_2 + 2x_3 = -1, \\ 4x_1 - 2x_2 + 3x_3 = 3 \end{cases}, \begin{cases} x_1 + 4x_2 - x_3 + x_4 = 2 \\ 2x_1 + 7x_2 + x_3 - 2x_4 = 16 \\ x_1 + 4x_2 - x_3 + 2x_4 = 1 \\ 3x_1 - 10x_2 - 2x_3 + 5x_4 = -15 \end{cases}$$

2- Résoudre le système d'équations paramétriques: $\begin{cases} -x_1 + 2x_2 + x_3 = b_1 \\ -x_1 + x_2 + 2x_3 = b_2 \\ x_1 - 2x_2 + x_3 = b_3 \end{cases}$

Note:

2- a=[-1 2 1 ;-1 1 2 ; 1 -2 1]; syms b1 b2 b3; b=[b1 ; b2; b3];a\b;

Exercice 5:

Soit les polynômes: $a(x) = x^3 - 2x^2 - x + 2$, $b(x) = x^3 + 2x^2 + 3x + 4$

a- Entrer les polynômes a et b et les évaluer en 0.
b- Tracer la courbe a sur [-5 5] (utiliser plot puis utiliser fplot). Que remarquez-vous.
c- Déterminer les racines de a. Tester les en évaluant a en ces nombres.
d- Additionner les deux polynômes a et b.
e- Affecter la multiplication (convolution) de deux polynômes a et b à c.
f- Faire la division de c par b (utiliser deconv).
g- Déterminer le polynôme d somme des polynômes c et a.
h- Calculer les racines de ce polynôme (d).
i-À partir de ces racines, obtenir à nouveau le polynôme p (utiliser poly)
j-On suppose: le polynôme du numérateur est b et le polynôme du dénominateur est a.
Afficher la décomposition en éléments simples d'une fraction rationnelle(b/a)

Note:

b1- plot([-5:5],polyval(a,[-5:5])),grid on;
b2- fplot ('x^3-2*x^2 - x + 2' , [-5 5]),grid on;
b3- pa=inline('polyval([1 -2 -1 2],x)'),fplot(pa,[-5 5]),grid on;
j-[r,p,k]=residue(b,a) où $\frac{b}{a} = \frac{r_1}{x-p_1} + \frac{r_2}{x-p_2} + \cdots + \frac{r_n}{x-p_n} + k$

Exercice 6:

À partir de cinq points (x_i, y_i)où $xi=(-1,-1/2,0,1/2,1)$ et $yi=(1.5,1,0,1,1/2)$. Chercher une interpolation linéaires et cubiques $f(x)$ entre ces cinq points.

Solution:

xi=[-1 -1/2 0 1/2 1]; yi=[1.5 1 0 1 1/2]; x = -1:0.1:1;
ylinear = interp1 (xi,yi,x);%%f(x)
ycubic = interp1 (xi,yi,x,'cubic');%%f(x)
plot(xi,yi,'o', x,ylinear,'-', x,ycubic,'--'); legend('Données', 'Interpolation linéaire',
'Interpolation cubique')
5 points (illustrés par des cercles),les interpolations linéaires (en traits pleins) et cubiques (en traits pointillés)
Notons que l'interpolation cubique ne fonctionne que pour des nombres de points impairs et fournit une interpolation de classe C^1.

Chapitre4 : Entrées-sorties

1- Introduction

Une entrée/sortie en MATLAB consiste en un échange de données entre le programme et une autre source, par exemple la mémoire, un fichier, le programme lui-même. On peut ranger les instructions et les expressions d'entrée/sortie en 2 catégories :

- celles qui se rapportent á l'entrée et la sortie de valeurs de variables par les échanges et les interactions avec l'utilisateur.
- celles qui se rapportent aux fichiers notamment pour la lecture et l'écriture des fichiers de données, et l'enregistrement d'image pour les représentations graphiques.

Nous allons reprendre maintenant de manière plus formelle.

2- Entrées et Sorties de valeurs de variables

Les Entrées et Sorties de valeurs de variables utilisées pour interagir avec l'utilisateur , ils correspond en fait à l'acquisition de valeurs et à l'affichage de valeurs.

2.1 Affichage simple de valeurs

Un simple appel d'une variable permet d'afficher sa valeur.

L'autre façon d'affichage est utilisé la commande disp, cette commande permet d'afficher des valeurs numériques ou de caractères (scalaire, vecteur, Matrice..) sans avoir la réponse « ans= ». On utilise fréquemment la commande disp pour afficher un message(chaine de caractère) ,un résultat et également la concaténation de chaîne de caractères ([]) .

Pour afficher des valeurs numériques, il doit les convertir en chaînes de caractères avec la commande num2str.

```
>> M=magic(2);              >> disp(['La valeur de M(1,1) est ',num2str(M(1,1));
>> M                        'La valeur de M(2,1) est ',num2str(M(2,1))]) ;
M =
     1     3              La valeur de M(1,1) est 1
     4     2              La valeur de M(2,1) est 4
>> disp(magic(2))
     1     3
     4     2
```

2.2 Impressions dirigées par format

Pour construire des chaînes de caractères complexes, il est possible d'utiliser la fonction sprintf qui permet de l'impression de variables selon un modèle utilisé par MATLAB, en formatant l'affichage des variables. La syntaxe de la commande sprintf est :sprintf(format, variables) où

- variables est une scalaire ou une vecteur suivant le modèle d'édition spécifié dans format;
- format est le format d'édition. Il s'agit d'une chaîne de caractères contenant les modèles d'éditions des variables à imprimer (repris du langage de programmation C).

Un modèle d'édition de caractères: commande de la forme **%L s** ou **%-L s** où
- % est le symbole de début de format
- L est un longueur du champ (en nombre de caractères, point virgule compris) , si L non existe, la longueur totale du champ est égale au nombre de string.
- s est un symbole précisant que la donnée est de type string
- Par défaut le champ est justifié à droite. Le symbole − (moins) permet de justifier le champ à gauche.

Un modèle d'édition de réel : sous la forme %± L.D t, où
- % est le symbole de début de format,
- L est un longueur du champ (en nombre de caractères, point virgule compris),
- D est le nombre de décimales à afficher,
- t spécifie le type de notation utilisée et peut prendre plusieurs valeurs sont les suivantes:
  - d : pour les entiers
  - e : pour une notation à virgule flottante où la partie exposant est délimitée par un e minuscule (ex : 3.1415e+00)
  - E : même notation mais E remplace e (ex : 3.1415E+00)
  - f : pour une notation à virgule fixe (ex : 3.1415)
  - g : la notation la plus compacte entre la notation à virgule flottante et la notation à virgule fixe est utilisée
- Par défaut le champ est justifié à droite. Le symbole − permet de justifier le champ à gauche, le symbole + provoque l'affichage systématique d'un signe + devant les réels positifs.

Les variables non scalaire: Si la variable est un vecteur ou une matrice le format d'impression est réutilisé pour tous les éléments du vecteur ou colonne par colonne de la matrice.

Les caractères spéciaux : Il est possible d'utiliser les symboles suivant dans les chaînes de caractères
- \n : provoque le passage à une nouvelle ligne
- \t : insère une tabulation horizontale
- \b : décale l'impression du champ suivant d'un caractère vers la gauche
- \r : saut horizontal

Si l'on a besoin d'afficher le caractère %, on le doublera %% pour qu'il ne soit pas interprété comme le début d'un format.

La commande fprintf est l'analogue de sprintf pour imprimer des variables selon un modèle donné dans un fichier.

```
>> text='Welcome to the Matlab';sprintf('%s',text)
ans =
Welcome to the Matlab
>> sprintf('Ahmed : %s', text)
ans =
Ahmed : Welcome to the Matlab

>> sprintf('%50s',text), sprintf('%-50s',text)
ans =
                        Welcome to the Matlab
ans =
Welcome to the Matlab
>> x= 'pi/3';
>> str = sprintf('sin(x) est %4.4f,\n\t pour x=
%s',sin(eval(x)),x) ;
>> disp(str)
sin(x) est 0.8660,
          pour x= pi/3
```

```
>> x = (2*pi/3); y = cos(x);
>> sprintf('sin(%3.4f) = %3.3f', x,y)
ans =
sin(2.0944) = -0.500
>> sprintf('sin(%3.4e) = %3.3E', x,y)
ans =
sin(2.0944e+00) = -5.000E-01
>> x = [1:4;5:8];
>> sprintf('%d,',x)
ans =
1,5,2,6,3,7,4,8,

>> y =[]; x = [1:4];
>> for i=1:length(x) y=[y,x(i),sqrt(x(i))];end;
>> s = sprintf('%2.3f | %3.4g \n ', y )
s =
1.000 |   1
2.000 | 1.414
3.000 | 1.732
4.000 |   2
```

Note: La fonction eval permet d'évaluer la valeur d'une chaîne de caractères.

2.3 Acquisition de valeurs

La commande input permet d'interagir avec l'utilisateur pour attribuer une valeur à une variable.

- var = input(' une phrase'): var peut être une valeur numérique ou chaine de caractères(la valeur entre les quotes), un retour chariot permet de déterminer la fin de la saisie.
- le caractère \n est un caractère spécial qui permet des sauts de ligne.
- Le caractère spécial 's' permet de saisir une variable de type string.

```
>> var = input('donner la valeur var=')
donner la valeur var= 5
var =
    5
>> var = input('donner la valeur \n var= ')
donner la valeur
var= [5 2 3]
var =
    5    2    3
```

```
>> prompt = 'Do you want more? Y/N [Y]: ';
str = input(prompt,'s');
if isempty(str)
    str = 'Y';
end
Do you want more? Y/N [Y]:
>> str
str =
Y
```

3- Entrées et Sorties de fichiers de données

Le Matlab utilise des fichiers de données pour stocker les résultats ou données, soit pour les réutiliser dans MATLAB, soit pour les utiliser dans d'autres logiciels.

- save(Fichier_mat),save(Fichier_mat,Variable_1,...,Variable_n) :permet de sauvegarder toutes ou certaines variables existantes dans le *workspace*, sous forme d'un fichier mat.
- csvwrite(Fichier_csv, tableau): permet de sauvegarder un tableau de données sous forme d'un fichier CSV(*Comma-separated values*)

- type(' Fichier '): permet d'afficher le contenu d'un fichier.
- load(Fichier_mat),load(nom_Fichier_mat, Variable_1,..., Variable_n): permet de récupérer les données ou certaines variables contenues dans un fichier mat.
- urlwrite('URL','Fichier_mat'): permet de récupérer d'un fichier à partir de son URL et enregistre localement ce contenu à le Fichier_mat.
- csvread('Fichier_csv'): permet la lecture de données contenues dans un fichier Fichier_csv.
- importdata() : permet d'importer "tout" type de fichier, qui en fait appelle d'autres fonctions d'entrée: imread est utilisé pour les images, auread, wavread sont utilisés pour l'audio, mmread est utilisé pour la vidéo, xmlread pour XML ,xlsread pour les fichiers Excel, dlmread, csvread ou textscan pour fichier de texte.
- saveas(figure, fichier_image) : permet de sauvegarder une figure, en choisissant le format de sortie.

Chapitre 5 : Programmation Matlab

1- Introduction

Nous allons voir comment utiliser MATLAB comme un véritable langage de programmation, en passant des fichiers de commandes (Scripts, Fonction) en utilisant des structures de contrôle.

2- Scripts et fonctions:

Un fichier de commandes Matlab portant une extension '.m' (d'où le nom M-file) qui comporte une séquence des commandes Matlab. donc, il est aisé de rappeler ce fichier pour réexécuter. Un programme peut être constitué d'un simple script ou un ensemble de fonctions, qui sont appelées soit par le script principal.

Alors, on distingue deux types de fichier de commandes (M-file): les scripts et les fonctions.

Un script est un fichier de commandes qui joue le rôle de programme principal. Pour exécuter un script, il suffit de l'appeler en tapant son nom dans la fenêtre de commande.

Une fonction est un script Matlab particuliers, elle joue le rôle une fonction et procédure des langages de programmation impératif , la fonction permet de définir une fonction qui ne figurent pas parmi les fonctions MATLAB incorporées On peut provoquer un retour au programme appelant à la commande return.

On définit la fonction nom_fonc de la manière suivante :

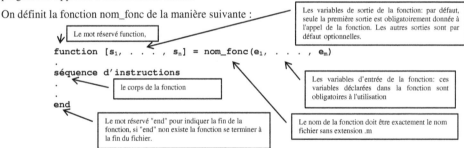

Les variables de sortie de la fonction: par défaut, seule la première sortie est obligatoirement donnée à l'appel de la fonction. Les autres sorties sont par défaut optionnelles.

Le mot réservé function,

```
function [s₁, . . ., sₙ] = nom_fonc(e₁, . . ., eₘ)
.
séquence d'instructions
.
.
end
```

le corps de la fonction

Les variables d'entrée de la fonction: ces variables déclarées dans la fonction sont obligatoires à l'utilisation

Le mot réservé "end" pour indiquer la fin de la fonction, si "end" non existe la fonction se terminer à la fin du fichier.

Le nom de la fonction doit être exactement le nom fichier sans extension .m

Alors, on distingue 4 types de fonctions:

- **Une fonction principale**: une seule fonction par fichier.
- **Une sous-fonction**: elle définie dans le même fichier que la fonction principale.
- **Une fonction imbriquée** : elle est un bloc fonctionnel contenu dans un autre bloc fonctionnel, correspondant à une fonction ou une sous-fonction.

- **Une fonction anonyme** :elle est définie directement en utilisant le symbole @(handle :pointeur vers une fonction), sans la création préalable d'un fichier spécifique (elle n'a pas de nom explicite).

```
%%Fonction principale(Le ficher stat.m)
function [moyenne, ecartype] = stat(x)
    n = length(x);
    moyenne = sum(x)/n;
    ecartype = sqrt(sum((x-moyenne).^2/n));
end
>> v=randi(10,1,8); stat(v),m= stat(v)
>> [moy,stdv]=stat(v)
%% sous fonction (Le ficher nom_fonc.m)
function [..] = nom_fonc(..)
    instructions ;
end
function [..] = sousFonction1(..)
    instructions ;
end
function [...] = sousFonction2(....)
    instructions ;
end
```

```
%% Fonction imbriquée(Le ficher nom_fonc.m)
function [..] = nom_fonc (..)
    instructions ;
    function [...] = FonctionImbr1(...)
        instructions ;
    end
end
function [..] = sousFonction(...)
    instructions ;
    function [..] = FonctionImbr2(.. .)
        instructions ;
    end
end

%% Fonction anonyme
>> cube = @(x) x.^3; cube(6)
>> p = @(x,n) x.^n; p(6,3)
```

Il est possible d'appeler une fonction avec moins de variables d'entrée et de sortie que le nombre indiqué pour la définition de la fonction. Pour cela ,nous utilisons deux fonctions Matlab pour gérer cette situation :

- nargin qui retourne le nombre de variables d'entrée utilisés lors de l'appel
- nargout qui retourne le nombre de variables de sortie prévues lors de l'appel.

Pour passer une fonction comme paramètre d'entrée. il est nécessaire:

- spécifier le nom de la fonction comme une chaîne de caractères(guillemets simples),
- fournir un pointeur sur la fonction (@).

Voici quelques commande qui utiliser une fonction comme paramètre d'entrée:

- fzero(Equation, x0): permet de calculer la racine d'une équation algébrique 'Equation' en commençant les calculs par la valeur initiale x0.
- feval(fonc, x_1, ..., x_m): évalue une fonction 'fonc' en les arguments d'entrée x_1, ..., x_m.
- La fonction quad permet l'évaluation numérique d'une intégrale.
- functions(fonc) retourne des informations sur la fonction. Ces informations incluent le nom, le type et le nom du fichier de la fonction.
- quad (fonc, a, b): permet l'évaluation numérique d'une intégrale de la fonction fonc de a à b.
- dblquad (Évaluer numériquement l'intégrale double), integral(Intègre numériquement une fonction).

```
function [x, y] = Example(a, b)        if(nargout == 1)
   if(nargin > 2 | nargin < 1)            x = a;
      disp('Error');                    else
      return;                              x = a; y = b;
   end                                  end
   if(nargin == 1)
      b = 0;
   end
```

Par défaut, MATLAB cherche le script invoqué ou fonction invoquée dans le répertoire courant, puis parcourra la liste de dans l'ordre (la fonction path), et exécutera le premier fichier rencontré et portant ce nom. Pour ajouter un chemin spécifique à cette liste en utilisant la fonction addpath. Attention de créer un script ou une fonction ayant le même nom qu'une fonction prédéfinie !

3- Commentaires

Il est important de commenter correctement un script ou une fonction, pour favoriser sa réutilisation, par soi-même ou par un autre utilisateur.

Ce qui se trouve après le symbole % sera considéré comme un commentaire. Ces commentaires seront ignoré lors de l'exécution du script ou de la fonction.

Ces commentaires peuvent être utile de préciser les méthodes utilisées, les restrictions d'usage ou d'expliciter les choix ou méthodes mis en œuvre.

- la commande help : permet d'afficher les premières lignes de commentaires du script ou de la fonction.
- un bloc de lignes entourer par les symboles %{ et %} est considéré comme une commentaire.

```
%% trivect.m                                      %{
% Cette fonction permet de trier un valeur.      x=0:100;
% V est le vecteur de valeurs à trier            y=log(x);
% ordre est un caractère :                       plot(x,y)
%        'c', le tri par ordre croissant,        %}
%        'd', le tri par ordre décroissant.
% La fonction renvoie comme sortie le vecteur trié.
%
% La méthode utilisée
% --- USAGE ---
% par exemple :
%
function V = trivect(V,ordre)
```

4- Variables locales et globales

Les variables locales sont accessibles que dans le contexte où elles ont été créées.

- les variables définies à l'intérieur d'une fonction.
- les variables d'entrée et sortie de la fonction assurent la communication avec le programme principal ou d'autres fonctions.

41

les variables globales sont partagées entre un programme principal et plusieurs fonctions sans qu'il soit besoin de la spécifier parmi les variables d'entrée-sortie.

- La commande global déclare certaines variables comme des variables globales.

```function x = Example (a)```
```global C1; %C1 provient du programme principal```
```x = a + C1;```
```end```
	```>> global C1;```
	```>> C1 = exp(1);```
	```>> x = Example(6);```
	```x =```
	```8.7183```

5- Structures de contrôle

Les structures de contrôle permettent une exécution conditionnelle d'un bloc de lignes de commande.

4.1 Instruction conditionnée

Instructions conditionnées permettent d'exécuter une séquence d'instructions (bloc) seulement dans le cas où une condition donnée est vérifiée au préalable. Différentes formes d'instruction conditionnée existent sous MATLAB.

4.1.1 Instruction If:

La syntaxe de l'instruction conditionnée If a la forme suivante :

```
if expression logique1     <- une expression dont le résultat peut être vrai ou faux

séquence d'instructions1 <- le traitement à effectuer si expression logique est vraie

elseif expression logique2 <- utiliser pour un choix en cascade

séquence d'instructions2

else                       <- utiliser pour un choix alternative ou en cascade

séquence d'instructions3 <- à exécuter dans le cas où expression logique 1 et 2 sont
                              faux.
end
```

4.1.2 Instruction switch:

Il existe aussi une autre structure de type conditionnel, le switch...case Pour effectuer un choix en cascade.

```
switch expression          <- soit valeur d'une variable ou d'une expression

case constante1,
 séquence d'instructions1
    ...
case constante2,
 séquence d'instructions2
    ...
otherwise                  <- Le cas par défaut
 instructions par défaut
end
```

case { constante1, constante2, ... }: cette instruction permet à exécuter la même séquence d'instructions pour différents cas (regrouper les constantes)

```
num = input(donner moi un nombre num \n');     num = input(donner moi un nombre num \n');
if num == 1                                    switch num
  A = ones(1,n);                                 case 1,
elseif num == 2                                    A=ones(1,n);
  A = ones(2,n);                                 case 2,
elseif num >= 3 & num < 7                           A = ones(2,n);
  A = ones(3,n);                                 Case {3,4,5,6}
else                                                A = ones(3,n);
  error('numero non prevu ...');                otherwise
end                                                 error('numero non prevu ...');
                                               end
```

4.2 Boucle FOR

Cette instruction permet de répéter un bloc d'instructions entre borne_inf et borne_sup avec un incrément de 1(valeur par défaut).

Syntaxe :
```
for indice = borne_inf:borne_sup <-  on peut un vecteur comme ensemble de valeurs
        séquence d'instructions
end
```

On peut préciser un pas (positif ou négatif) entre borne_inf et borne_sup, la syntaxe est alors : borne_inf :pas :borne_sup.

```
for i=1:5,            for i=1:3,            tic
disp([i  i*i]);         for j=1:6,          for i=[1 3 5 7 9],
end                         a(i,j)=i+10*j ; disp(i);
%%%%%%%             end                     end
for i=1:2:10,         end                   temps=toc
disp(i);             disp(a);               % tic: lance le chronomètre
end                                         % toc: l'arrête et donne le temps écoulé !
```

4.3 Boucle WHILE
Effectuer une boucle tant qu'une condition reste vérifiée. Si la condition est fausse, le programme saute à l'instruction qui suit end. si la condition est toujours vraie, la boucle s'exécute indéfiniment : le programme est "planté".

Syntaxe :
```
while expression logique
séquence d'instructions <- le traitement à effectuer si expression logique est vraie
end
```

```
n=0 ;                note=-1;                           for i=1:10,
while (n<10),        while ((note<0) | (note>20)),      if i==5,
n=n+1;              note=input('taper la note (0 à 20) : '); break;
disp(n);            end                                 end
end                 disp(['note = ' num2str(note)]);    disp(i);
                                                        end
```

4.4 Interruption d'une boucle de contrôle

ce type des instructions permettent de sortir ou interruption d'une boucle de contrôle.

- *break :* permet de sortir d'une boucle. L'exécution se poursuit alors séquentiellement à partir de l'instruction suivant le mot clé end terminant la boucle. En cas de boucles imbriquées, on interrompt seulement l'exécution de la boucle intérieure contenant l'instruction break.
- *return :* provoque un retour au programme appelant. Les instructions suivant le return ne sont donc pas exécutées.
- *error(' message d'erreur '):* permet d'arrêter un programme et d'afficher un message d'erreur.
- *pause* permet d'interrompre l'exécution du programme. L'exécution normale reprend dès que l'utilisateur enfonce une touche du clavier.
- *pause(n)* permet de suspendre l'exécution du programme pendant n secondes.
- continue interrompt l'exécution du bloc d'instructions en cours d'exécution, et passe à l'itération suivante de la boucle.
- *warning(' message de mise en garde ')* permet d'afficher un message de mise en garde sans suspendre l'exécution du programme.
- *warning off* : indiquer à MATLAB de ne pas afficher les messages de mise en garde d'un programme
- Il est possible
- *warning on* : pour afficher les messages de mise en garde

6- Exercices :

Exercice 1 :

Comment définir l'expression mathématique?

$$g(c) = \int_0^\pi x \cos(\frac{\pi x}{c}) \, dx$$

En utilisant la notion de la fonction principale .
En utilisant la notion de la fonction anonyme.

Réponse

```
1- function y = myfun(x)
y = x.*cos(pi/c*x);
g = quad(@myfun,0,pi)
```

2-On peut définir la fonction anonyme g :`g=@(c) quad(@(x) x.*cos(pi/c*x),0,pi);g(2)`

Exercice 2 :

Créer une fonction qui calculer la valeur de *a modulo n* en prenant pour un système de residus 1, ... , n, sachant que : les arguments de sortie : r est le residu et q est le quotient.
Appeler cette fonction pour b = 9 et m = 4;

Réponse

```
function [r,q] = modulo(a,n)
q = floor(a./n);
r = a - n*q;
% si le reste de la division entiere vaut 0,le résidu vaut par convention n
if r == 0, r = n;
end
>> [r,q] = modulo(9,4)
```

Exercice 3 :

Créer une fonction MyMatrix qui construit une matrice M de m lignes et n colonnes ayant des éléments entiers génères de manière aléatoire entre 0 et T.
Calcule le rang de la matrice si l'appel est effectue avec 2 arguments de sortie.
Si la matrice est carrée, le paramètre n peut être omis.

Réponse

```
function [A,rang] = MyMatrix (T,m,n)
if nargin == 2
M = fix(T*rand(m));
else
M = fix(T*rand(m,n));
end
if nargout == 2
rang = rank(M);
end
```

Exercice 4 :

Écrire une fonction matlab produits prenant deux vecteurs lignes u et v en entrée et fournissant en sortie les deux produits u*v' ct v'*u.

Exercice 5 :

Écrire une fonction *suite* qui prend un nombre N en argument et renvoie un vecteur ligne [1...N], si N est positif et un vecteur ligne [N ... 0] si N est négatif.

Exercice 6 :

Écrire une fonction *insere* qui prend en entrée un nombre a et un vecteur X et qui renvoie en sortie le vecteur [a x1 a+1 x2 a+2 x3 ...a+n-1 xn]

Exercice 5 :

1-Définir une fonction trivect.m dont l'objectif est de trier par bulle un vecteur de valeurs, en ordre croissant ou décroissant en utilisant trois sous-fonction: trier_c(V,tri), trier_d(V,tri) et permute(V,indice). Cette fonction a vocation à être utilisée et ré-utilisée.
2- Executer la commande "help trivect >permute".
Réponse

```
function V = trivect (V,ordre)
    continu = true;
    while(continu)
        tri = false;
        switch ordre
            case 'c'
            [V,tri] = trier_c(V,tri);
            case 'd'
            [V,tri] = trier_d(V,tri);
        end
        continu=tri;
    end
end
function [V,tri] = trier_c(V,tri)
    %% trier_c
    % sous-fonction pour le tri croissant
    for indice=1:length(V)-1
        if(V(indice) > V(indice+1))
            [V,tri] = permute(V,indice);
        end
    end
end
function [V,tri] = trier_d(V,tri)
    %% trier_d
    %
    % sous-fonction pour le tri décroissant
    for indice=1:length(V)-1
        if(V(indice) < V(indice+1))
            [V,tri] = permute(V,indice);
        end
    end
end
function [V,tri] = permute(V,indice)
    %% permute
    %
    % sous-fonction pour permuter les deux valeurs consécutives d'un
vecteur
    tmp = V(indice);
    V(indice) = V(indice+1);
    V(indice+1) = tmp;
    tri = true;
end
```

Chapitre 6 : Représentations graphiques de données

1- Introduction

Nous allons aborder dans ce chapitre comment utiliser MATLAB pour représenter graphiquement les données.

2- Gestion de la fenêtre graphique

La fenêtre graphique est créée lorsqu'en appelant une instruction graphique (plot, fplot, bar, hist..) ou bien le MATLAB écrase la fenêtre graphique (figure) précédente en effectuant une nouvelle instruction graphique.

Nous indiquons ici les différentes fonctions permettant de gérer la fenêtre graphique:

- *figure* : crée une nouvelle fenêtre graphique où elle incrémente le numéro de cette fenêtre.
- *figure(n)*: crée une fenêtre spécifique en précisant son numéro(n), ou activer la fenêtre précédemment crée ouverté.
- *close:* ferme la fenêtre graphique courante.
- *close(n):* ferme une fenêtre spécifique en précisant son numéro(n) .
- *close all:* ferme toutes les fenêtres graphiques.
- *clf:* efface la fenêtre graphique courante.
- *clf(n):* efface la fenêtre spécifique en précisant son numéro(n).
- *hold*: permet de superposer plusieurs courbes dans une même figure.
- *hold on*: affiche plusieurs graphiques dans une même fenêtre graphique(le mode surcharge).
- *hold off*: revient en mode normal.
- *ginput(nb):* récupère les coordonnées(abscisses, ordonnées) correspond aux des nombres points sélectionnés (nb) et appuyer sur la touche «Entrée» lorsqu'on a fini de choisir ces points.

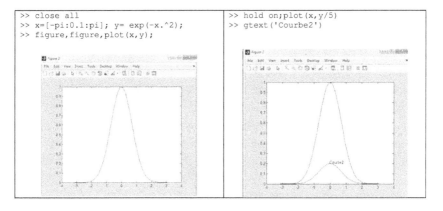

3- Graphe en deux dimensions

Dans cette section, nous allons voir comment utiliser les commandes (plot, fplot, loglog, semilogx, semilogy, hist, errorbar) pour représenter graphiquement les données en deux dimensions.

3.1 Tracer une courbe avec plot

La commande plot permet de tracer un ensemble de points de coordonnées : plot(Vx,Vy,'cst') où Vx est le vecteur d'abscisses, et Vy est le vecteur d'ordonnées. On peut spécifier la couleur d'une courbe (c), le type ou style de trait (t) et le symbole du point (s) en troisième paramètre d'entrée à la commande plot. Il est également possible de modifier ces attributs d'une courbe par le menu contextuel. Les possibilités de 'cst' sont les suivantes:

Couleur du trait(c)		Symbole du point(s)		Style de trait(t)	
y	jaune (yellow)	.	point	-	trait continu
m	magenta	o	cercle (circle)	:	pointillés courts
c	cyan	x	Croix(x mark)	--	pointillés longs
r	rouge (red)	+	plus	-.	pointillé mixte
g	vert (green)	*	étoile (star)		
b	bleu (blue)	s	carré (square)		
w	blanc (white)	d	losange (diamond)		
k	Noir(black)	v	triangle en bas		
		^	triangle en haut		
		<	triangle en gauche		
		>	triangle en droit		
		p	pentagone		
		h	hexagone		

Pour tracer plusieurs courbes sur la même figure, il suffit de spécifier plusieurs couples de vecteurs "(Vx1,Vy1),(Vx2,Vy2), ..." comme paramètres de la commande plot. Si l'on a besoin des apparences différentes, nous utiliserons des attributs de trais après chaque couple de vecteurs.

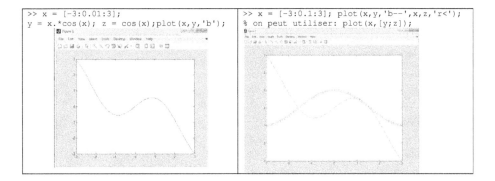

```
>> x = [-3:0.01:3];                      >> x = [-3:0.1:3]; plot(x,y,'b--',x,z,'r<');
y = x.*cos(x); z = cos(x);plot(x,y,'b');  % on peut utiliser: plot(x,[y;z]);
```

3.2 Tracer le graphe d'une fonction avec fplot

La commande fplot(' f ', [xmin , xmax]) permet de tracer le graphe des variations de la fonction f sur l 'intervalle [xmin , xmax]. On a trois manières d'utiliser la commande fplot:

1- On obtient le graphe de la fonction en utilisant le nom d'une fonction MATLAB:

```
fplot('cos',[-pi pi]) ou fplot(@cos,[-pi pi]).
```

2- On obtient le graphe de la fonction en utilisant le nom d'une fonction utilisateur ou la fonction anonyme:

```
function y=f(x)
y=x.*cos(x);
end
fplot('f ', [-pi pi]). ou bien f=@(x) x.*cos(x); fplot(f, [-pi pi])
```

3- L'autre façon de procéder le graphe de la fonction en utilisant une expression mathématique définissant une fonction de la variable x: `fplot('x*cos(x)',[pi pi])`.

Pour tracer plusieurs graphes sur la même figure. il suffi entrer un tableau des fonctions de la manière suivante : fplot('[f1, f2, f3,...]',[x_min,x_max, y_min,y_max])

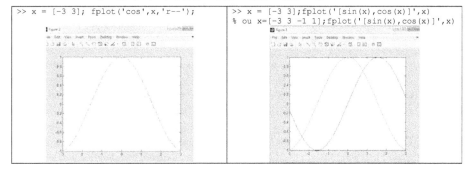

```
>> x = [-3 3]; fplot('cos',x,'r--');    >> x = [-3 3];fplot('[sin(x),cos(x)]',x)
                                         % ou x=[-3 3 -1 1];fplot('[sin(x),cos(x)]',x)
```

D'autre part, la commande ezplot est similaire largement à la commande fplot, où elle est permet de tracer l'allure de la fonction sur l'intervalle des abscisses étant par défaut [-2pi,2pi].

Par exemple : ezplot('sin')

3.3 Autres fonctions

Nous allons présenter dans cette section une liste non exhaustive des fonctions permettant la représentation de données en 2D.

- *plotyy*: représente et gère automatiquement échelles des ordonnées des deux courbes différentes.
- *loglog*: permet de tracer le graphe avec des échelles logarithmiques (log(x), log(y)).
- *semilogx* et *semilogy*: permet de tracer le graphe avec des échelles logarithmiques des abscisses ou des ordonnées.
- *bar*: présente les données (x,y) sous forme de barres verticales.
- *hist*: permet de tracer des histogrammes.
- *errorbar*: permet de tracer des barres d'erreur.

```
>> x = 0:0.1:20;y1 = exp(x);
y2 = log(x);plotyy(x,y1,x,y2,'plot');
```

```
>> loglog(x,y1)
```

4- Amélioration la lisibilité des graphiques

Pour améliorer la lisibilité des graphiques, il est nécessaire d'ajouter des éléments de décoration, ce sont les informations qui facilitent la compréhension du graph comme le titre, les labels des axes ou les légendes.

- *title(' titre')*: permet de spécifier le titre de la figure en haut de la fenêtre graphique
- *xlabel('légende')*: permet d'afficher du texte en légende sous l'axe des abscisses.
- *ylabel('légende')*: permet d'afficher du texte en légende sous l'axe des ordonnées.
- *legend('texte')*: permet d'ajouter une légende à une courbe ou préciser à quoi correspond chacune des courbes si l'on trace plusieurs courbes à la même figure.
- *text(x,y,'texte')* : permet d' afficher un texte à une position précise par les cordonnées (x,y)sur la figure.
- *gtext(T)*: ajoute de texte (T) sur une fenêtre graphique en choisissant sa position par un clic de la souris.
- *grid*: permet d'ajouter un quadrillage à la figure.

- *axis([xmin,xmax,ymin,ymax])* :permet de définir les valeurs extrêmes des abscisses et ordonnées .
- *xlim* et *ylim* : permettent de spécifier l'intervalle d' abscisses ou d' ordonnées.
- *subplot(n,m,nc)*: permet d'afficher plusieurs graphiques sur la même figure avec des échelles différentes en zones. cette commande effectue le découpage en utilisant le nombre de zones sur la hauteur (n), le nombre de zones sur la largeur(m), et le numéro de la zone dans laquelle on va tracer une courbe(nc) .
- *num2str*: permet de convertir la valeur d'une variable en une chaîne de caractères.

Note: Il est possible avec la syntaxe LaTex écrire des lettres grecques.

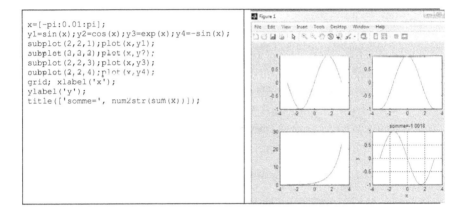

5- Graphe en trois dimensions

Dans cette section, nous allons voir comment utiliser différentes commandes pour représenter graphiquement les données en trois dimensions.

5.1 Courbe en 3D

La commande plot3 permet de tracer un ensemble de points de coordonnées par une liste de triplets: le vecteur des abscisses(Vx), le vecteur des ordonnées (Vy) , et le vecteur des cotes (Vz), la syntaxe est alors : plot3(Vx, Vy, Vz)

```
t=[0:0.1:10*pi]; x= cos(t);y= sin(t);z=t;
plot3(x,y,z);grid;
xlabel(' cos(t)');
ylabel(' sin(t) ');
zlabel(' t');
```

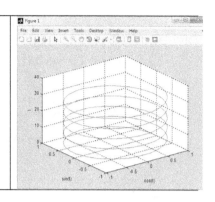

5.2 Surfaces en 3D

Pour tracer des fonctions de 2 variables g(x,y), la commande [X,Y]=meshgrid(xmin:lm :xmax,ymin:lm:ymax) permet de générer un maillage 2-D cartésien $[x_{min}, x_{max}] \times [y_{min}, y_{max}]$ de longueur lm en tableaux [X,Y] à partir de deux maillages 1-D (le domaine spécifié par les vecteur $x \in [x_{min}, x_{max}]$ et $y \in [y_{min}, y_{max}]$ de tous les points du maillages) . On utilise ensuite la fonction contour ; mesh ou surf

- *contour(X,Y,Z)*: afficher des lignes de niveau d'une fonction de 2 variables (Z= g(X,Y)).
- *contour(X,Y,Z,n)*: afficher n lignes de niveau d'une fonction de 2 variables.

Il existe deux manières d'

- *clabel*: affiche les valeurs des lignes de niveau sur le graph.
- *colormap*: permet d'utiliser une palette de couleurs (par exemple 'cool', 'bone', 'winter', 'hot', 'gray', *etc*).
- *axis*: modifier les valeurs les valeurs extrêmes en cotes, abscisses et ordonnées
- *mesh(X,Y,Z)*:affiche la surface qui trace une série de lignes entre les points de la surface;
- *meshc(X,Y,Z)*: affiche la surface comme mesh mais en ajoutant les courbes de contour ;
- *surf(X,Y,Z)*: affiche la surface avec une couleur variant selon la cote ;
- *waterfall(X,Y,Z)*: permet de tracer un maillage de courbes en chute d'eau.

```
[X,Y]=meshgrid(-2:0.1:2,-2:0.1:2);Z=exp(-X.^2-Y.^2); subplot(2,2,1); contour(X,Y,Z);
subplot(2,2,2); [C,h]=contour(X,Y,Z,5);clabel(C,h);subplot(2,2,3);mesh(X,Y,Z);
subplot(2,2,4); surf(X,Y,Z);
```

6- Exercices :

Exercice 1 :

Tracer les lignes de niveau de la fonction $(x,y) \rightarrow xe^{-(x^2+y^2)}$ sur le domaine $[-4, 4] \times [-4, 4]$ en prenant un maillage de longueur lm = 0.1.

Réponse:

```
>> [X,Y] = meshgrid(-4:.1:4, -4:.1:4); Z = X.*exp(-X.^2-Y.^2);
contour(X,Y,Z);
```

Exercice 2 :

Tracer la surface paramétrée d'équations

$$\begin{cases} x = v.\cos(u) \\ y = v.\sin(u) \\ z = u \end{cases}$$

sur le domaine $[0, 2pi] \times [0, 8]$ avec un maillage de maillage de longueur lm = 0.1

Réponse

```
>> [U,V] = meshgrid(0:.1:2*pi, 0:.1:8); X = V.* sin (U);Y = V.* cos (U);
Z = U; surf(X,Y,Z)
```

53

Exercice 3:

Tracer le paraboloïde d'équation : $z^2 = x^2 + y^2$ pour : et $-50 \leq x \leq 50$ et $50 \leq y \leq 50$

<u>Réponse</u>

```
N=50 ; x=-N:N ; y=-N:N ; figure ;
for k=1:2*N+1
        for l=1:2*N+1
                z1(k,l)=sqrt(x(k)^2+y(l)^2) ;
        end
end
meshc(x,y,z1) ; xlabel ('x') ; ylabel ('y') ; zlabel ('z') ;
title ('Exemple de tracé d'un paraboloïde');
```

Références

1. https://www.mathworks.com/help/index.html
2. Fabien Baillon et Jean-Louis Dirion," Initiation à MATLAB, pour la résolution de problèmes numériques",2014, http://nte.mines-albi.fr/MATLAB/co/Matlab_web.html
3. J. T. Lapresté, Introduction au Matlab. Ellipses. 1999
4. M. Mokhtari, MATLAB et Simulink pour etudiants et ingenieurs, Springer 2000
5. Jonas Koko ,Calcul scientifique avec MATLAB. Outils MATLAB spécifiques, équations aux dérivées partielles. Ellipses, 2009.

www.ingramcontent.com/pod-product-compliance
Lightning Source LLC
La Vergne TN
LVHW092354060326
832902LV00008B/1030